EIN GEBROCHENES TABU

Frauenhäuser in Österreich

Herausgegeben von
Irmtraut Karlsson

DEUTICKE

Alle Rechte vorbehalten
© Franz Deuticke Verlagsgesellschaft mbH, Wien 1988
Jede Art der Vervielfältigung, auch auszugsweise, gesetzlich verboten
Satz: P & P Lichtsatz GmbH, Grafing
Gedruckt auf: WD Offset 90 g
Druck: Wiener Verlag, Himberg
ISBN 3-7005-4609-2

INHALT

Irmtraut Karlsson

VORWORT

Mit diesem Buch liegt ein erster umfassender Bericht über die Tätigkeit der Frauenhäuser in Österreich vor. Ein Bericht, der die Widerstände und Vorurteile aufzeigt, die dem Thema Gewalt gegen Frauen noch immer entgegengebracht werden. Gewalt gegen Frauen tritt in unserer Gesellschaft in den vielfältigsten Formen auf: in der Form sexistischer Werbung, die in Inseraten unterschwellig zu Vergewaltigung von Frauen auffordert, in Form von Vergewaltigung und sexueller Nötigung, über die sich bisweilen konservative Parlamentsabgeordnete in aller Öffentlichkeit lustig machen, in Form von Anzüglichkeiten, Witzen und sexuellen Übergriffen auf dem Arbeitsplatz. Gewalt gegen Frauen in Ehe und Familie ist nur ein Teil dieses gewalttätigen Klimas gegen Frauen insgesamt.

Aber nicht vom passiven Hinnehmen dieser Gewalt handelt das Buch, sondern es schildert, wie Frauen aus den verschiedensten politischen Lagern und Bewegungen sich zusammengeschlossen haben, um etwas gegen diese Gewalt in der Familie zu tun. Ein Anfang ist getan, aber die Auseinandersetzung muß weitergehen. Allein die beschämenden Reaktionen mancher – männlicher – Journalisten auf die Veröffentlichung einer Untersuchung über sexuelle Belästigung am Arbeitsplatz zeigt, daß mit den Frauenhäusern nur eine der extremsten Formen von Gewalt gegen Frauen ans Licht der Öffentlichkeit gebracht wurde.

Ein Tabu wurde gebrochen. Dabei dürfen wir Frauen aber nicht stehenbleiben. Unermüdlich müssen wir weiter aufklären, müssen wir Möglichkeiten für Frauen schaffen, sich zu wehren. Dieses Buch soll Mut machen, es zu versuchen.

Viele Frauen haben in diesem Buch mitgearbeitet, wenn auch nur einige als Autorinnen aufscheinen. Frauen, die oft jahrelang und unbezahlt in ihrer Freizeit für die Errichtung von Frauenhäusern in Österreich gekämpft haben, Frauen, die als Mitarbeiterinnen in den Frauenhäusern, auch wenn sie angestellt und bezahlt sind, viel mehr als nur einen Dienst versehen, und nicht zuletzt Frauen, die sich entschlossen haben, aus einer gewalttätigen Beziehung auszubrechen und ein Frauenhaus aufzusuchen. Allen diesen Frauen gilt der Dank der Autorinnen und der Herausgeberin, denn sie haben zum Gelingen des Buches beigetragen. Der Jubiläumsfonds der Österreichischen Nationalbank hat durch finanzielle Unterstützung die Forschungsarbeiten, auf denen weite Teile des Buches beruhen, möglich gemacht.

Zuletzt möchten wir noch dem Lektorat für die geduldige Betreuung und Beratung beim Zustandekommen dieses Buches danken.

Sonja Schnögl

EINLEITUNG

Unzählige Frauen werden tagtäglich von ihren Ehemännern mißhandelt. Die wenigen Untersuchungen, die sich mit diesem Thema
beschäftigen, kommen einstimmig zu dem Ergebnis, daß „eheliche
Gewalt überraschend häufig vorkommt".[1] „Dabei ist körperliche
Mißhandlung von Frauen eine von vielen Formen der Gewalt der
Männer gegenüber Frauen. Gewalt ist auch die ökonomische und soziale Übermacht der Männer, Gewalt ist auch die psychische Ver-
stümmelung von Frauen. Frauenmißhandlung und Vergewaltigung
sind brutalster und dramatischster Ausdruck der Machtverhältnisse
zwischen den Geschlechtern."[2]
Gleichzeitig war Frauenmißhandlung – und ist es vielfach heute
noch – ein Tabu, das es betroffenen Frauen unmöglich gemacht hat,
ihre Erfahrungen auszusprechen und an eine Veränderung ihrer Situation zu denken. Die Tabuisierung der Gewalttätigkeit in der Familie hängt einerseits damit zusammen, daß die Familie als grundle-
gende soziale Organisationsform unangetastet bleiben muß, um die
bestehende Gesellschaftsordnung nicht zu gefährden. Die Familie
gilt als von der Öffentlichkeit abgeschirmter privater Bereich, der gewisse Erholungs- und Rückzugsmöglichkeiten bieten soll. Damit erfüllt die Familie eine so wichtige gesellschaftliche Funktion, daß zumindest der Anschein eines harmonischen Familienlebens gewahrt
werden muß. Andererseits ist Gewalt gegen Frauen bis zu einem gewissen Grad ein durchaus anerkanntes Mittel, um die Ungleichheit
zwischen den Geschlechtern zu erhalten und zu festigen.
Die ersten Antworten auf dieses Problem kamen aus der Frauenbewegung. Bereits 1971 hatte Erin Pizzey in London das erste Haus
für mißhandelte Frauen gegründet. In den folgenden Jahren entstanden sowohl in England als auch in der Bundesrepublik Deutschland
und in den Niederlanden eine ganze Reihe solcher Häuser. 1978
wurde auch in Wien das erste Frauenhaus eröffnet. Es war bereits
nach kurzer Zeit völlig überfüllt. Mittlerweile gibt es in Wien zwei
Frauenhäuser, weitere in Graz, Innsbruck, Klagenfurt, Linz, Mödling, Salzburg und Wels. Alle Frauenhäuser haben das Ziel, mißhan-

delten Frauen möglichst rasch und unbürokratisch zu helfen.) „Der Aufenthalt im Haus bietet den Frauen und ihren Kindern Schutz vor weiteren Mißhandlungen. Dadurch haben sie die Möglichkeit, in einer gewaltfreien Atmosphäre Entscheidungen für ihr zukünftiges Leben zu treffen." (Aus einem Informationsblatt der Wiener Frauenhäuser.)

Darüber hinaus soll die Frauenhausbewegung in der Öffentlichkeit Aufklärungsarbeit in bezug auf das Problem der Frauenmißhandlung leisten.) In diesem Sinne ist auch das vorliegende Buch zu sehen. Seine Ziele sind:
- wesentliche Aspekte des Problems der Frauenmißhandlung theoretisch zu erhellen,
- Prozesse der politischen Durchsetzung von Frauenhäusern zu dokumentieren,
- Arbeitsweisen und Organisationsstrukturen der Frauenhäuser herauszuarbeiten und sie Formen traditioneller Sozialarbeit gegenüberzustellen,
- in diesem Zusammenhang die spezifische Arbeitssituation der Frauenhausmitarbeiterinnen zu analysieren und
- die Situation mißhandelter Frauen in Österreich zu beschreiben.

Gewalt gegen Frauen

Eine intensivere Auseinandersetzung mit diesem Thema setzte erst mit dem Beginn der Neuen Frauenbewegung in den siebziger Jahren ein. Die Überlegungen, die es vorher zu diesem Problem gegeben hat, sind meist bruchstückhaft und unsystematisch. Oft scheinen sie eher der Untermauerung von Legitimations- und Verharmlosungsideologien als der wissenschaftlichen Klärung zu dienen.

In diesem Zusammenhang ist in erster Linie der psychopathologische Ansatz zu nennen. Hier wird Frauenmißhandlung als Ergebnis individuell bedingter psychischer Abweichungen und Fehlentwicklungen betrachtet. Diese Individualisierung bietet die Möglichkeit, Frauenmißhandlung als Problem einer kleinen abnormen Randgruppe abzutun. Die Kritik, die R. Wolff an dieser Theorie im Zusammenhang mit Kindesmißhandlung vorbringt, kann ebenso für Frauenmißhandlung gelten: „Angesichts des Massencharakters gewaltsamer physischer und psychischer Beeinträchtigung von Kindern hat der Hinweis auf individuelle psychische Dysfunktionalität indessen kaum einen Erklärungswert. Richtiger wäre es dann schon – will man die Krankheitsthese nicht ganz fallen lassen – von einer Epidemie zu sprechen."[3] Ein weiterer Ansatz, die Masochismustheorie, beschäftigt sich in erster Linie mit der Frage, warum Frauen sich der Mißhandlungssituation nicht entziehen, und kommt zu dem Schluß, daß Frauen durch die Mißhandlung bestimmte Bedürfnisse befriedigen. „Das Mißhandeltwerden wäre nötig, um das Ausleben sonst unterdrückter Triebimpulse (zum Beispiel Aggression, bestimmte Vergnügungen, narzistische Gefühle) damit zu rechtfertigen. Masochismus wird hier also als ein weiblicher Abwehrmechanismus gesehen, wobei durch Provokation von Leiden und Schmerz die Schuldgefühle – die sich als Folge dieser unterdrückten Impulse und Triebe einstellen – gedämpft werden. Diese Frauen brauchen also ... ab und zu eine Tracht Prügel, um ihr emotionales Gleichgewicht aufrechterhalten zu können."[4] Diese Auffassung von Masochismus geht jedoch an historischen und gesellschaftlichen Dimensionen völlig vorbei[5] und reproduziert lediglich die alten männlichen und weiblichen Rollenklischees. Letzten Endes wird so Gewalt in den Beziehungen zwischen den Geschlechtern als etwas Natürliches angesehen.

Auch die Alkoholismusforschung wurde herangezogen, um Erklärungen für männliche Gewalttätigkeit zu finden. Alkohol kann innere Barrieren und Hemmungen herabsetzen, man hat sich selber nicht mehr unter Kontrolle, und Aggressionen können sich ungehindert äußern. Ein Zusammenhang zwischen Alkohol und Gewalt besteht auch insofern, als eine dauernde oder periodisch immer wieder auftretende Alkoholisierung des Mannes zu einer unerträglichen Belastung des Familienlebens und zu dementsprechenden Reaktionen aller Beteiligten führen muß. „Die Verstrickung von Schuldgefühlen, Projektionen und Aggressionen von seiten des alkoholabhängigen Mannes und von Ablehnung, Wut, Mitleid und Verzweiflung von seiten der Frau macht ein erträgliches, ausgeglichenes Zusammenleben unmöglich. Der offene Ausbruch von Gewalt kann also verstanden werden als eine Entladung des ständig vorhandenen latent-aggressiven Binnenklimas der Familie."[6] Alkohol ist aber nicht als Ursache von Gewalttätigkeit aufzufassen, sondern als auslösendes Moment, als situative Bedingung, die die Anwendung von Gewalt erleichtert und bis zu einem gewissen Grad auch entschuldigt. Die gesellschaftliche Moral besagt ja, daß jemand, der betrunken ist, für seine Handlungen nicht voll verantwortlich gemacht werden kann. So wird Gewalttätigkeit in alkoholisiertem Zustand als unkontrollierbare Verhaltensweise bewertet. Diese gesellschaftlich allgemein akzeptierte Auffassung dient vielen Männern als Entschuldigung und Rechtfertigung für ihr gewalttätiges Verhalten.

Andere Erklärungsversuche stufen Gewalttätigkeit als Konfliktlösungsmodus der Unterschicht ein und übersehen dabei, daß Untersuchungen ergeben haben, daß Männer aus allen sozialen Schichten ihre Frauen mißhandeln.[7] Oft werden auch besondere soziale Umstände wie Armut, Wohnungsprobleme, Schulden etc. hervorgehoben und als Erklärung angeführt. Dabei werden allerdings Anlässe zu Unrecht mit den wirklichen Ursachen gleichgesetzt. Alle erwähnten Ansätze gehen zudem von einem unkritischen und unhistorischen Begriff der Geschlechtsrollen aus und können der Komplexität des Problems auch nicht annähernd gerechtwerden.

Mittlerweile gibt es bereits einige neuere theoretische und empirische Arbeiten zum Thema „Gewalt gegen Frauen", wobei sich grob gesprochen zwei Richtungen unterscheiden lassen: zum einen die amerikanischen, vor allem an der Familiensoziologie orientierten Studien, die ihrem Standpunkt gemäß meist von „Gewalt in der Familie" sprechen,[8] zum anderen die feministischen Ansätze und Studien, die für die betroffenen Frauen Partei ergreifen, denn „es gibt keinen unbeteiligten Dritten, solange das Gewaltverhältnis fortbesteht".[9] Die feministischen Arbeiten sind oft im Zusammenhang mit der konkreten, praktischen Arbeit in den Frauenhäusern entstanden, die Autorinnen hatten daher Gelegenheit, das Problem in der Auseinandersetzung mit Theorie *und* Praxis zu bearbeiten. Wesentlich für das Selbstverständnis dieser Forschungsansätze ist die Erkenntnis, daß grundsätzlich alle Frauen in unserer Gesellschaft einer spezifischen Form von Gewalt ausgesetzt sind, wenn auch nicht alle in derselben Weise und im selben Ausmaß davon betroffen sind.

Zur Definition des Gewaltbegriffs

Gewalt in vielfältigen Ausprägungen ist ein Bestandteil unserer Gesellschaftsordnung, sie ist so tief in den gesellschaftlichen Strukturen verankert, daß wir sie oft gar nicht mehr wahrnehmen. Der norwegische Gesellschaftswissenschaftler und Friedensforscher Johan Galtung hat dafür den Begriff der strukturellen Gewalt geprägt: „Gewalt liegt dann vor, wenn Menschen so beeinflußt werden, daß ihre aktuelle somatische und geistige Verwirklichung geringer ist als ihre potentielle Verwirklichung."[10] Er trifft sechs Unterscheidungen, um folgende Typologie der Gewalt zu erstellen:

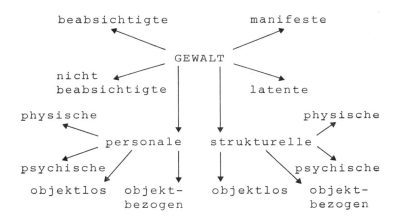

Gewalt läßt sich grundsätzlich in personale (= direkte Gewalt, d. h. es gibt ein handelndes Subjekt) und in strukturelle (= indirekte Gewalt, d. h. es gibt kein handelndes Subjekt) Gewalt einteilen. Strukturelle Gewalt ist „in das System eingebaut und äußert sich in ungleichen Machtverhältnissen und folglich in ungleichen Lebenschancen."[11] Zu berücksichtigen ist allerdings, daß diese beiden Formen der Gewalt in einem dialektischen Verhältnis zueinander stehen und sich gegenseitig bedingen.

Die direkte personale Gewalt läßt sich weiter in physische und psychische Gewalt einteilen. Sie kann sich gegen ein Objekt richten oder objektlos sein, sie kann beabsichtigt oder nicht beabsichtigt sein und schließlich kann sie in manifester oder latenter Form auftreten. Latente Gewalt ist „etwas, das noch nicht präsent ist, jedoch leicht zum Vorschein kommen kann... In bezug auf personale Gewalt würde das eine Situation beschreiben, in der eine kleine Herausforderung ein beträchtliches Maß an Tötungen und Grausamkeiten auslöst."[12]

13

Daraus folgt für die Definition von Frauenmißhandlung: Es handelt sich bei Frauenmißhandlung um direkte personale Gewalt in Form von objektbezogener, manifest oder latent physischer und/oder objektbezogener, manifest oder latent psychischer, beabsichtigter Einflußnahme des (Ehe-)Mannes auf die (Ehe-)Frau. Durch diese Einflußnahme wird die potentiell mögliche Verwirklichung der Frau verringert.

Die genaue Definition der einzelnen angeführten Aspekte von Gewalt lautet daher folgendermaßen:

Manifest physische Gewalt ist das einmalige oder wiederholte Zufügen von Verletzungen oder Schmerzen.

Manifest psychische Gewalt ist die Wahrnehmung der Verringerung ihres eigenen Handlungsspielraumes durch eine Person, wobei diese Verringerung durch die Einflußnahme einer anderen Person erfolgt und sich auf den Handlungsspielraum bezieht, den die bedrohte Person trotz aktueller, struktureller Gewalt hat.

Latent physische Gewalt ist die ständig vorhandene Möglichkeit einer Person, einer anderen Person Verletzungen oder Schmerzen zuzufügen.

Latent psychische Gewalt ist die ständig vorhandene Möglichkeit einer Person, durch Einflußnahme den Handlungsspielraum einer anderen Person zu verringern. Maßstab ist auch hier die subjektive Wahrnehmung der bedrohten Person.

Eine solche Definition von Gewalt wird vielfach als überspitzt und aufgebläht empfunden. Mittlerweile hat sich aber erwiesen, daß ein umfassender Gewaltbegriff ein wesentliches theoretisches Instrument zur Analyse der Unterdrückung von Frauen darstellt und von daher seine Berechtigung hat. Die Stellung, die der Frau von der Gesellschaft zugeschrieben wird, kann als ein Bündel physischer, psychischer, sozialer und wirtschaflicher Gewalt bezeichnet werden, die für die Frau je nach Klassenlage und nationaler Herkunft unterschiedliche Formen annehmen kann. Auf einem internationalen Tribunal, das 1976 in Brüssel stattfand und sich mit Fragen der Gewalt gegen Frauen beschäftigte, wurde Gewalt als „jeglicher Angriff auf die Identität des Körpers der Frau und die Freiheit ihrer Entscheidungen"[13] definiert.

„Die Frage, was als Gewalt gegen Frauen begriffen wird und in welchem Maße gesellschaftliche Sanktionen existieren, die Mißhandlung von Frauen bestrafen oder ausdrücklich rechtlich legitimieren, hängt von den historisch-gesellschaftlichen Verhältnissen ab, in denen sie stattfindet."[14] Während früher die Legitimität von Gewalt gegen Frauen im Gesetz verankert war und als logische Folge ihrer Rechtlosigkeit gelten konnte, ist die heutige Situation in hochindustrialisierten Gesellschaften von einem fundamentalen Widerspruch gekennzeichnet: formale, im Gesetz verankerte Gleichberechtigung von Mann und Frau auf der einen Seite und reale, täglich stattfindende Gewalttätigkeit gegenüber Frauen auf der anderen Seite.

In dieser Widersprüchlichkeit rührt Frauenmißhandlung sowohl an allgemein gesellschaftliche Tatbestände als auch an daraus erwachsende familiale Strukturen. Beiden Aspekten wird in den in den letzten Jahren entstandenen feministischen Untersuchungen bei der Definition des Problems Rechnung getragen. Ohl/Rösener definieren Gewalt gegen Frauen als „alle durch die patriarchalisch-kapitalistischen Verhältnisse bedingten Einschränkungen, die eine Entfaltung der psychischen und körperlichen Entwicklung von Frauen im Vergleich zu ihren potentiellen Möglichkeiten verhindern".[15] Mißhandlung von Frauen in der Familie hingegen „umfaßt alle körperlichen Verletzungen und psychischen Folgeerscheinungen, die Frauen von ihren Ehemännern oder Partnern zugefügt werden".[16] Im Forschungsbericht des Berliner Frauenhauses heißt es: „Als Mißhandlung begreifen wir jeden Angriff auf die körperliche oder seelische Integrität eines Menschen unter Ausnutzung einer gesellschaftlich vorgeprägten Machtposition."[17] Diese Definition wird sowohl dem Machtverhältnis zwischen Mann und Frau als auch dem Machtverhältnis zwischen Kind und Erwachsenem gerecht. Im Berliner Forschungsbericht wird besonders darauf hingewiesen, daß nicht eine natürliche Überlegenheit, sondern eine gesellschaftliche Machtposition die Gewaltausübung ermöglicht. Es handelt sich somit nicht um ein Naturereignis, sondern um ein gesellschaftliches Verhältnis, das verändert werden kann.[18] Frauenmißhandlung ist der sichtbarste Ausdruck der gesellschaftlichen Unterdrückung von Frauen, ist ihre Bedingung und Folgeerscheinung zugleich. Diese Unterdrückung äußert sich in allen Lebensbereichen von Frauen. Sie steht jeweils in einem spezifischen Zusammenhang zur Mißhandlungsproblematik.

Der Anteil der Familie am Gewaltgeschehen

Einen besonders wichtigen Anteil am Gewaltgeschehen hat die Institution der Ehe und Familie. „Die Familie stellt sich als hierarchisch organisierte Gruppe dar: an der Spitze dieser Hierarchie steht der Vater, doch verfügt auch die Frau über wesentliche Entscheidungsbefugnisse, vor allem in spezifischen familiären Belangen... Die familäre Entscheidungsstruktur ist durch eine klare, geschlechtsspezifische Abgrenzung der Einflußbereiche gekennzeichnet, wobei die Frau vor allem Entscheidungen über haushaltbezogene Belange, Sozialkontakte und die Erziehung der Kinder kontrolliert."[19] Daher, so der Frauenbericht, sei es gerechtfertigt „von einer Dominanz des Mannes zu sprechen, die sich vor allem auf die Kontrolle der materiellen Ressourcen stützt".[20] Als Folge der geschlechtsspezifischen Arbeitsteilung fungiert der Mann oft als Familienerhalter oder fühlt sich zumindest als solcher, denn auch wenn die Frau selbst berufstätig ist, gilt ihr Verdienst meist nur als „Zusatzeinkommen". Die Hausarbeit wird in beiden Fällen nicht als gleichrangige Arbeit betrachtet, obwohl ihre Gleichrangigkeit seit der Familienrechtsreform 1978 zumindest im Gesetz verankert ist.[21]

Die oben beschriebenen hierarchischen Strukturen können als konstituierendes Merkmal der patriarchalischen Familie bezeichnet werden. Sie sind nicht klassen- oder schichtspezifisch, sondern treten nur jeweils in verschiedenen Abstufungen auf.

Ein weiteres konstituierendes Merkmal der patriarchalischen Familie ist die Privatheit. „Bedeutete die Abgetrenntheit familialer Reproduktion zunächst einen Fortschritt im Sinne von privatem Schutz gegenüber staatlicher Einflußnahme, so vollzieht sich heute soziale Kontrolle vornehmlich gerade über diese Privatheit und Isolierung der einzelnen Familien voneinander."[22] Konfliktreiche Familienverhältnisse, die sich aus emotionaler Überfrachtung und zwanghaftem Harmoniestreben sehr rasch ergeben können, werden im Sinne der Privatheit als individuelles Problem betrachtet und vor den Nachbarn möglichst verborgen. So kommt es dazu, daß mißhandelte Frauen ihre Nachbarn aus Scham nicht um Hilfe bitten und die Nachbarn von selber auch kaum auf die Idee kommen, ihre Hilfe anzubieten. Die Privatsphäre ist gewissermaßen unantastbar und ihr − falsch verstandener − Schutz oberstes Prinzip: eine Maxime, die Gewalt in den Familien stark begünstigt.

Wenn von patriarchalischen Familienstrukturen die Rede ist, kommt, trotz „handfester" gegenteiliger Beweise, sehr oft der Einwand, daß diese längst abgebaut und durch partnerschaftliche Strukturen ersetzt worden sind. Es scheint sich dabei jedoch weniger um einen Abbau als um eine Krise des Patriarchats zu handeln. Die zunehmende Entfremdung der Lebens- und Arbeitsbedingungen hat dazu geführt, daß die gesellschaftliche Macht des Patriarchats in den Institutionen, in der Rechtssprechung und in den Ideologien lagert. Im Gegensatz zu vorkapitalistischen Zeiten ist der Mann heute nur noch Repräsentant autoritärer Verhältnisse, aber nicht mehr die Autorität selbst. Er kann sich allerdings immer noch auf ein gesellschaftliches System berufen, das seine Vormachtstellung stützt. Trotz dieses Vorteils stellt sich die Situation für den Mann widersprüchlich dar: „Einerseits sieht er sich gesellschaftlichen Anforderungen ausgesetzt, die er selbst nicht adäquat zu erfüllen weiß, auf der anderen Seite ist die Herrschaft über andere, in der Familie über Frau und Kinder, gerade dann verlockend, wenn er (man) sich selbst ohnmächtig fühlt. Der Autoritätsanspruch der Männer hat empfindliche Einbußen erfahren und äußert sich zunehmend in irrationalen Verhaltensweisen, um die männliche Übermacht zu demonstrieren."[23]

Verunsichernd und männliche Autorität in Frage stellend wirken auch die gewachsenen Emanzipationswünsche vieler Frauen, die in der zunehmenden Frauenerwerbstätigkeit ihre ökonomische Basis gefunden haben. Trotzdem haben traditionelle Geschlechtsrollenauffassungen ihre Wirkung längst nicht verloren. Die Situation zwischen Mann und Frau ist daher insgesamt krisenhaft und konfliktbeladen. Alle diese Umstände bilden den Hintergrund für das Selbst- und Ehebild von Männern und Frauen, „ein Bild, das in individuell unterschiedlichen Proportionen aus realistischen Einschätzungen der gesellschaftlichen Verhältnisse, sozialisierten Vorurteilen und Ängsten und persönlichen Reaktionsformen auf diese beiden Komponenten besteht".[24]

Die gesellschaftlichen Vorstellungen über Normalität implizieren, daß Bedürfnisse nach Liebe, Sexualität und Geborgenheit nur in der Ehe bzw. Partnerbeziehung erfüllt werden können. Die Ehe erhält dadurch einen überragenden Stellenwert. Unzählige Hoffnungen auf Wärme, Geborgenheit und gegenseitige Zuwendung richten sich auf sie, die in dem erwarteten Ausmaß in den seltensten Fällen erfüllt werden. Enttäuschungen und Frustationen sind die Folge.

Das verständliche Bedürfnis nach Sicherheit und Verbindlichkeit in einer Beziehung wird oft über den Versuch sich den anderen „einzuverleiben", ihn zu besitzen, realisiert – eine Verhaltensform, die den Eigentumsstrukturen unserer Gesellschaft durchaus entspricht. Wir wissen zwar, daß Liebe ein Moment der Freiwilligkeit beinhaltet, aber vom Wissen zum Gefühl und zum Handeln ist meist ein weiter Weg.

„Der charakteristische Verlauf einer Ehe oder eheähnlichen Beziehung ist die Umkehrung der artikulierten oder still vorausgesetzten Bedürfnisse in ihr Gegenteil. Aus dem Wunsch nach Verbindlichkeit und Zugehörigkeit wird der Anspruch auf Verantwortlichkeit; Offenheit und Ehrlichkeit entwickeln sich dahin, daß man voneinander Rechenschaft, nicht nur über die Realität, sondern auch über die Phantasie verlangt; aus den Bedürfnissen nach Zärtlichkeit und Sexualität wird das eheliche Recht auf genitale Befriedigung abgeleitet."[25] Trotzdem ist es schwer, eine lieblos gewordene Beziehung zu beenden, vor allem wenn sich keine sinnvollen Alternativen anbieten. Für Frauen ist diese Schwierigkeit besonders groß, da die Ehe oder Liebesbeziehung für sie eine noch größere Bedeutung hat als für Männer. Während Männer gelernt haben, den Beruf als Mittelpunkt ihres Lebens und vor allem als entscheidenden Faktor ihres Selbstbildes zu sehen, ist die Lebensplanung der Mädchen in erster Linie auf Ehe, Liebe und Familie hin orientiert. Daher werden Männer auch als Persönlichkeiten mit individueller Indentität definiert, Frauen hingegen über ihre Beziehungen zu anderen Menschen. Frauen lernen sehr früh, ihre eigenen Wünsche zurückzustellen und durch andere zu leben. Das bedeutet, daß sie sich oft selbst nicht als eigenständige Persönlichkeiten sehen können, sondern ihre Identität aus den Familien- und Partnerbeziehungen ableiten. Demgemäß beziehen Frauen ihren sozialen Status über ihre Rolle als Hausfrau, Mutter und Ehefrau.

Dieses unterschiedliche Selbstverständnis wird bereits in den Sozialisationsprozessen der frühesten Kindheit vermittelt. Bei Männern wird „jegliche Form von Weichheit und sensibler Empfindungsfähigkeit systematisch abtrainiert".[26] Sie müssen also sogenannte weibliche Anteile ihrer Psyche verdrängen. Dabei besteht die Gefahr, daß diese Bekämpfung und Verachtung alles Weiblichen später auf Frauen übertragen wird und so zu einer misogynen Haltung führt.[27] Dementsprechend lernen Frauen von frühester Kindheit an, ihre Aggressionen zu unterdrücken, während das von Männern längst nicht mit der gleichen Vehemenz verlangt wird. Kommt es nun in einer Beziehung zu Konflikten, so reagieren Männer und Frauen entsprechend ihrer im Verlauf der Sozialisation erworbenen psychischen Dispositionen − mitentscheidende Variablen, die Frauen zu Opfern von Gewalt und Männer zu Gewalttätern werden lassen.

Die Erfahrungen aus der Frauenhausarbeit haben charakteristische Situationen, in denen Männer mit Gewalt reagieren, aufgezeigt:
− Eifersucht und Trennungsängste des Mannes: „Männer nehmen offenbar die sexuelle Ablehnung der Frauen nicht als Reaktion auf ihre Brutalitäten wahr: Sie unterstellen der Frau vielmehr sexuelle Interessen und Beziehungen mit anderen Männern, auf die sie eifersüchtig sind und die für sie einen erneuten Grund zur Mißhandlung abgeben."[28]
− Streit über vom Mann als bedrohlich empfundene Autonomiebestrebungen der Frau.

In beiden Fällen schlagen Männer aus Angst vor Liebes- und Machtverlust und versuchen, mittels der Gewalt sowohl Zuwendung zu erzwingen als auch ihre Überlegenheit und Stärke zu demonstrieren. Weitere Konfliktpunkte sind:
− Auseinandersetzungen über die Aufteilung von Hausarbeit und Kinderbetreuung;
− finanzielle Probleme, Schulden, drohende Arbeitslosigkeit;
− Auseinandersetzungen wegen übermäßigen Alkoholkonsums.

Aufgrund der langen Tradition unserer Familienstruktur vertreten viele Männer auch heute noch die Ansicht, daß sie eine gewisse Verfügungsgewalt und einen Autoritätsanspruch gegenüber ihren Frauen haben und daher berechtigt sind, „strafend" einzugreifen. Dieser Form von Gewalttätigkeit wird „auch heute noch unter bestimmten Umständen eine weitgehende Legitimität zugestanden, nämlich dann, wenn die Frau gegen allgemeine Erwartungen bezüglich ihres Verhaltens und ihrer Pflichten verstößt. Der Gewalttätigkeit der Männer wird häufig Rechtfertigung zugestanden, wenn die Frauen ihnen zum Beispiel ‚untreu' waren, sie ‚betrogen', die Kinder oder den Haushalt vernachlässigten usw. Hinter dieser Rechtfertigung steht die Grundannahme, daß dem Mann die Funktion einer Kontrollinstanz über das Verhalten seiner Frau zukommt."[29] Ein Indiz für diese Verfügungsgewalt ist die Tatsache, daß Vergewaltigung in der Ehe kein strafrechtlicher Tatbestand ist.[30]

19

Zur Situation mißhandelter Frauen

Die empirische Untersuchung und statistische Erfassung von ehelicher Gewalt stößt auf einige Schwierigkeiten: bei den Betroffenen ist das Thema tabuisiert, Institutionen, die mit mißhandelten Frauen konfrontiert waren, haben die Mißhandlung lange Zeit gar nicht als Problem wahrgenommen. Dazu Benard/Schlaffer, von denen die erste österreichische Untersuchung zu diesem Thema stammt: „Die Bestimmung eines sozialen Problems ist ein politischer Vorgang, weil ohne das Vorhandensein einer Problemkategorie die Einzelfälle nicht wahrgenommen und artikuliert werden können."[31]

Gewalt in der Ehe ist eine peinliche Angelegenheit − vor allem für die betroffenen Frauen: „Im Gegensatz zu anderen Verbrechen schämt sich das Opfer und wird zusätzlich mit sozialer Abwertung bestraft. Die Betroffenen werden für deviant erklärt, die Gewalttätigkeit als privates Problem definiert. Damit wird erreicht, daß man sich mit der gesellschaftlichen Verursachung und den sozialen Konsequenzen des Problems nicht auseinandersetzen muß. Die Betroffenen können durch diese Strategie der Individualisierung dazu gebracht werden. die Schuld bei sich selbst zu suchen und keine Forderungen zu stellen."[32]

Der eben beschriebene Vorgang kann nur als gesellschaftliche Abwehr eines als bedrohlich empfundenen Problems eingestuft werden. Bedrohlich ist das Problem nicht zuletzt deshalb, weil das Bild der „heilen Familie", der „Keimzelle des Staates" damit gefährlich ins Wanken gerät.

Das Bild von der „heilen Familie" wahrt auch die offizielle Kriminalstatistik, indem sie verwandtschaftliche Beziehungen zwischen Täter und Opfer nicht berücksichtigt. Aus diesen Statistiken ist nur das Geschlecht von Täter und Opfer abzulesen, nicht aber, welche Beziehung die beiden zueinander hatten.

Demnach ist es nicht verwunderlich, daß die Dunkelziffern bei Frauenmißhandlung extrem hoch sind. Dazu kommt auch das Schweigen der betroffenen Frauen selbst, wobei dieses Schweigen wiederum durch verschiedene Faktoren bedingt ist.

Frauen werden von der Gesellschaft für die Harmonie und Stabilität der Familienbeziehungen verantwortlich gemacht. Diese internalisierte gesellschaftliche Erwartung macht einen wesentlichen Teil des weiblichen Selbstbildes aus. Die Frauen erleben die Mißhandlung daher als ihr individuelles Versagen, das sie zu verbergen suchen, daher auch die weiter oben erwähnte Scham der Opfer. Die Situation wird noch zusätzlich dadurch erschwert, daß Befreiungsversuche der Frau vom Mann meist mit neuen Mißhandlungen bestraft werden. Hier liegt auch der Grund für die relativ geringe Zahl der polizeilichen Anzeigen: wenn es überhaupt zu einer Verurteilung kommt, dann meist in Form einer Geldstrafe, die das Familieneinkommen belastet und die Aggression des Mannes nur noch erhöht.[33]

Außerdem hatte eine mißhandelte Frau vor der Eröffnung der Frauenhäuser kaum Hilfe zu erwarten. Institutionen wie Sozialamt, Fürsorge und Polizei fühlten sich meist nicht zuständig und reagierten hilflos oder mit Unverständnis. Darin liegt ein weiterer Grund für die hohe Dunkelziffer im Stillschweigen von Institutionen, die mit mißhandelten Frauen konfrontiert sind.

Die bisherigen Ausführungen könnten zu der Annahme verleiten, daß mißhandelte Frauen auf ihre Situation nur mit Passivität und Schweigen reagieren, was wiederum Zweifel am Ausmaß der Gewalt nähren könnte.

Daß dem nicht so ist, zeigen die Ergebnisse der schon öfter zitierten Studie des Berliner Frauenhauses: „Alle von uns befragten Frauen wurden körperlich, sexuell, seelisch und materiell auf die unwürdigste Art und Weise unter Druck gesetzt und mißhandelt: 83% wurden geschlagen, getreten, geboxt, gewürgt, 41% geben an, ausschließlich oder zusätzlich seelisch und nervlich ‚fertiggemacht‘ zu werden, 25% wurden mit Gegenständen geschlagen, verletzt oder bedroht. Morddrohungen bzw. Mordversuche nennen 29% aller Frauen.“... „Um die erlebten Demütigungen verarbeiten zu können, haben die meisten Frauen intensiv über die veränderte Beziehung und die möglichen Gründe für die Brutalität des Mißhandlers nachgedacht.“[34]

Weiters belegt die Studie eindeutig, daß Frauen die Mißhandlungen durchaus nicht immer geduldig über sich ergehen lassen, sondern sich zur Wehr setzen. Dabei kristallisieren sich unterschiedliche Widerstandsformen heraus. Die häufige physische Unterlegenheit von Frauen schränkt die Chance, sich körperlich zu wehren, allerdings von vornherein ein. 34% der Frauen gaben an, sich nicht gewehrt zu haben, 36% aber haben zurückgeschlagen oder sich auf andere Art körperlich zur Wehr gesetzt. 12% haben versucht, sich in Sicherheit zu bringen und vor der Mißhandlung zu schützen, und 7% haben auf den Mißhandler eingeredet, um ihn zu beruhigen, die restlichen 11% haben die Frage nicht beantwortet.[35]

Dazu die Berlinerinnen: „Daß mehr als die Hälfte der Frauen immer wieder mit dem Mann geredet haben, ist Ausdruck davon, daß es die Frauen sind, die das Problembewußtsein haben, sich für die Konflikte verantwortlich fühlen und diese aussprechen. In Gesprächen berichten fast alle Frauen, daß der Mißhandler keine Bereitschaft gezeigt hat, seine Gewalttätigkeit überhaupt zu problematisieren."[36] Viele Frauen wären bereit, mit ihrem Partner zu einer Beratung zu gehen und sich mit den Problemen ihrer Beziehung auseinanderzusetzen, die Versuche scheitern jedoch durchwegs (von einzelnen Ausnahmen abgesehen) an dem nicht vorhandenen Problembewußtsein der Männer. „Du kannst ja zu einer Beratung gehen, ich brauch sowas nicht!" ist die gängige Antwort. Womit wir wieder bei der unterschwelligen bis offenen Akzeptanz von gewalttätigem Verhalten Frauen gegenüber wären, die in unserer Gesellschaft vorherrschend ist und den Mißhandlern das Gefühl vermittelt, im Recht zu sein oder zumindest kein Unrecht zu begehen.

Trotzdem gibt es immer noch Versuche, die Bedeutung und das Ausmaß von Frauenmißhandlung zu verharmlosen. Ein Mittel, zu dem häufig gegriffen wird, ist die Lokalisierung des Problems in Unterschichtfamilien. Dazu gibt es einschlägige Untersuchungen, die allerdings einen entscheidenden Mangel aufweisen: sie untersuchen hauptsächlich Unterschichtfamilien, so daß sie eigentlich über die schichtspezifische Verteilung von ehelicher Gewalt kaum Aussagen machen können.[37]

Unterschiede zwischen den einzelnen Gesellschaftsschichten scheint es höchstens in der Form der Gewaltanwendung zu geben, sie kann sich in den verschiedenen Schichten auf verschiedene Art und Weise manifestieren. Während in der Unterschicht physische Gewalt öfter auftritt, kommt es in der Mittel- und Oberschicht eher zu psychischer Unterdrückung. Dieser Umstand kann mit der unterschiedlichen Persönlichkeitsentwicklung, wie sie die schichtspezifische Sozialisationsforschung beschrieben hat, zusammenhängen. In der Mittel- und Oberschicht wird eher mit liebesorientierten und psychologisch repressiven Techniken erzogen und bestraft. Das führt dazu, daß Kinder früh lernen müssen, ihre Aggressionen abzulenken, zu unterdrücken bzw. sie nur in subtiler, versteckter Weise nach außen zu richten. Hingegen ist die Erziehung in der Unterschicht eher offen autoritär und mit körperlichen Strafen verbunden. Die direkte körperliche Abfuhr von Aggressionen wird, vor allem bei Buben, nicht so stark sanktioniert.[38] Die meisten Frauen bemühen sich sehr lange, die Beziehung aufrechtzuerhalten und können kaum fassen, daß sie ausgerechnet von dem Mann mißhandelt werden, der vorgibt, sie zu lieben, und zu dem sie meist selber noch Zuneigung empfinden. Erst wenn sie durch wiederholte Mißhandlungen, die sich oft über Jahre erstrecken, die Hoffnung auf eine veränderte Beziehung aufgeben müssen, denken sie an eine Trennung. Die meisten Männer reagieren auf so einen Entschluß mit dem Versprechen, sich zu ändern, und lösen bei ihren Frauen erneute Unsicherheit aus. Beharrt eine Frau trotzdem auf ihrem Entschluß und verläßt die gemeinsame Wohnung, muß sie mit einer Eskalation von Gewalt rechnen, wenn ihr Mann sie findet. Diese erneute Bedrohung ist fast immer auch mit anderen psychischen Druckmitteln verbunden: der Mann behauptet, er können ohne seine Frau nicht leben, droht mit Selbstmord; auch Kindesentführungen sind keine Seltenheit, weil viele Männer wissen, daß das ein sehr gutes Mittel ist, um die Frau zur Rückkehr zu bewegen.

In der Berliner Untersuchung wurden die Frauen danach gefragt, warum sie so lange bei ihren Männern geblieben sind. Ein Viertel der Frauen gab an, sie hätten gehofft, er würde sich ändern. Knapp ein weiteres Viertel blieb wegen der Kinder, um die Familie nicht auseinanderzureißen. 14% sahen keine Alternative und wußten nicht, wohin sie sich wenden sollten, 5% blieben aus Angst vor der Reaktion des Mannes und 5% sagten, sie hätten sich ihr Leben nicht anders vorstellen können.[39]

Der Druck, unter dem die Frauen stehen, ist also auf jeden Fall sehr groß, unabhängig davon, ob sie zu Hause bleiben oder sich für eine Trennung entscheiden. Die Bedrohung bleibt in jedem Fall aufrecht. Diese ständige Anspannung, Angst und Verzweiflung kann nicht ohne Auswirkungen bleiben. „Die physischen und psychischen Folgen von Mißhandlungen und Erniedrigungen reichen von psychosomatischen Krankheiten und akuten Verletzungen bis hin zu Psychiatrierungsängsten, Abhängigkeitserkrankungen und Suizidversuchen."[40]

Mit all diesen Problemen mußten die Frauen selber fertigwerden, da den traditionellen sozialen Institutionen sowohl das Problembewußtsein als auch konkrete Hilfsmöglichkeiten fehlten. Davon ausgehend haben Frauengruppen in vielen Ländern versucht, durch die Errichtung von Frauenhäusern mißhandelten Frauen rasch und unbürokratisch Hilfe zu bringen. Die meisten Frauenhausgruppen gehen davon aus, daß grundsätzlich alle Frauen von Gewalt betroffen sind. Sie verstehen sich als Selbsthilfeprojekte und grenzen sich meist von herkömmlicher Sozialarbeit ab. Sie bieten mißhandelten und bedrohten Frauen und deren Kindern eine Wohnmöglichkeit und darüber hinaus Unterstützung in Form von Gesprächen, durch ärztliche Hilfe und juristische Beratung. Außerdem versuchen die Frauenhausgruppen durch intensive Öffentlichkeitsarbeit auf Ausmaß und Ursachen von Frauenmißhandlung aufmerksam zu machen und die Bevölkerung für die Probleme mißhandelter Frauen zu sensibilisieren.

Anmerkungen

[1] Lau, S. u. a.: *Aggressionsopfer Frau. Körperliche und seelische Mißhandlung in der Ehe.* Reinbek bei Hamburg 1979, S. 102

[2] Berliner Erfahrungsbericht: *Frauen gegen Männergewalt.* Berlin 1978, S. 84

[3] Wolff. R.: *Kindesmißhandlung und ihre Ursachen.* In: Barth, H. u. a. (Hg.) *Gewalt gegen Kinder.* Reinbek bei Hamburg 1975, S. 32

[4] Lau a. a. O., S. 115

[5] Mitscherlich, M.: *Sind Frauen masochistisch?* In: Emma, September 1977, S. 11

[6] Lau a. a. O., S. 127

[7] *Hilfen für mißhandelte Frauen,* Abschlußbericht der wissenschaftlichen Begleitung des Modellprojektes Frauenhaus Berlin. Stuttgart 1981, S. 20

[8] Ohl, D./Rösener, U.: *Und bist du nicht willig . . . Ausmaß und Ursachen von Frauenmißhandlung in der Familie.* Frankfurt/M. – Berlin –Wien 1979, S. 89
Rosen, R.: *Gewalt gegen Frauen – einige Theorieansätze.* In: Albrecht-Desirat, K./Pacharzina; K. (Hg.): *Sexualität und Gewalt. Beiträge zur sozialwissenschaftlichen Sexualforschung.* Bensheim 1979, S. 31

[9] Hagemann-White, C.: *Gewalt in Familien.* In: Mielenz/Kraft (Hg.): *Wörterbuch Soziale Arbeit.* Weinheim 1980, S. 204

[10] Galtung, J.: *Strukturelle Gewalt. Beiträge zur Friedens- und Konfliktforschung.* Reinbek 1975, S. 15

[11] Galtung a. a. O., S. 12

[12] Galtung a. a. O., S. 14
[13] AUF – eine Frauenzeitschrift 7, 2, Jg. Mai 1976, S. 8
[14] Ohl/Rösener a. a. O., S. 123
[15] Ohl/Rösener a. a. O., S. 133
[16] Ohl/Rösener a. a. O., S. 133, 134
[17] *Hilfen für mißhandelte Frauen* a. a. O., S. 24
[18] *Hilfen für mißhandelte Frauen* a. a. O., S. 24
[19] *Frauenbericht 1975.* Bericht über die Situation der Frau in Österreich. Bundeskanzleramt Wien 1975, S. 47
[20] *Frauenbericht* a. a. O., S. 45
[21] § 94 Abs. 2 ABGB
[22] Ohl/Rösener a. a. O., S. 160
[23] Ohl/Rösener a. a. O., S. 149
[24] Benard, Ch./Schlaffer, E.: *Die gewöhnliche Gewalt in der Ehe.* Reinbek bei Hamburg 1978, S. 67
[25] Ohl/Rösener a. a. O., S. 170
[26] Lau a. a. O., S. 156
[27] Lau a. a. O., S. 156
[28] *Hilfen für mißhandelte Frauen* a. a. O., S. 95
[29] *Bernard/Schlaffer* a. a. O., S. 121, 122
[30] § 202 bis 206 STGB: Als Notzucht ist derzeit nur die Erzwingung des „außerehelichen" Beischlafes strafbar
[31] Benard/Schlaffer a. a. O., S. 45
[32] Benard/Schlaffer a. a. O., S. 26
[33] Benard/Schlaffer a. a. O., S. 74
[34] *Hilfen für mißhandelte Frauen* a. a. O., S. 86
[35] *Hilfen für mißhandelte Frauen* a. a. O., S. 94
[36] *Hilfen für mißhandelte Frauen* a. a. O., S. 96
[37] Lau a. a. O., S. 77
[38] Vergleiche Gottschalch, W. u. a.: *Sozialisationsforschung. Materialien, Probleme, Kritik.* Frankfurt/Main 1971
[39] *Hilfen für mißhandelte Frauen* a. a. O., S. 97
[40] *Hilfen für mißhandelte Frauen* a. a. O., S. 143

Irmtraut Karlsson

ENTSTEHUNGSGESCHICHTEN

Prozesse der Durchsetzbarkeit

Die Idee zur Einrichtung eines Frauenhauses verbreitete sich in den späten siebziger und frühen achtziger Jahren in Österreich in allen Bundesländern. Es fanden sich auch relativ leicht Projektgruppen und Initiativen. Doch dann begann es schwierig zu werden. Trotz vielfältiger Unterschiede gab es überall gemeinsame Hindernisse: in allen Bundesländern war es sehr schwierig, Finanzierungsmöglichkeiten zu finden. Überall stieß das Konzept des Frauenhauses zunächst auf Mißtrauen und Ablehnung. Man stellte sich eher ein „Heim" vor. In allen Bundesländern mußte auch ein ausbalanciertes Verhältnis zu den dort herrschenden politischen Kräften gefunden werden. Dies schloß vor allem die Frauenorganisationen der politischen Parteien ein. Die Durchsetzung der Frauenhäuser war in Österreich eine eminent politische Angelegenheit. Sie entstanden im Spannungsfeld von Autonomie und Parteipolitik, von Frauenbewegung und „Parteifrauen". Bis heute sind die Konflikte latent vorhanden, ist das Mißtrauen nicht überall ausgeräumt. Sparprogramme im sozialen Bereich machen auch die Finanzierung wieder extrem unsicher. Nur in Wien ist das Frauenhaus als fixer Posten im Budget finanziell abgesichert. In den anderen Bundesländern muß jedes Jahr um eine neuerliche Subvention gerungen werden.

Die folgenden Entstehungsgeschichten der Frauenhäuser in Wien, Graz und Innsbruck, von daran Beteiligten erzählt, zeigen anschaulich die Konflikte und ihre Lösungen. Ähnliches hat sich — in Variationen — auch bei der Entstehung der übrigen Frauenhäuser abgespielt.

Wien: Zwei Geschichtsschreibungen

Aus der spezifischen Geschichte des Wiener Frauenhauses – von Anfang an standen sich zwei Gruppen gegenüber – entstanden auch Konflikte. Ihre Ursachen können vielleicht durch eine Gegenüberstellung zweier Geschichtsschreibungen ein bißchen verdeutlicht werden:

Rosi berichtet

Im Herbst 1977 finden im Gemeinderat Vorgespräche über die Errichtung eines Frauenhauses in Wien statt. Der Antrag der ÖVP auf die Errichtung eines Heimes für mißhandelte Frauen wird von der SPÖ abgelehnt.

Irmtraut Leirer (Vortragende an der Wiener Akademie für Sozialarbeit) fragt uns (damals Studentinnen der Sozialakademie), ob wir an der Arbeit zum Aufbau eines Frauenhauses in Wien interessiert wären. Daraufhin erstellen wir ein Konzept über Organisation und Struktur eines Frauenhauses, das wir dem zuständigen Stadtrat Stacher vorlegen. Im Jänner 1978 reicht Frau Gemeinderätin Dohnal die Statuten zur Gründung des Vereins „Soziale Hilfen für gefährdete Frauen und ihre Kinder" ein.

Unsere Gruppe, die sich eher inhaltlich mit der Errichtung eines Frauenhauses befaßt hat, gelingt es nicht, Funktionen im Vorstand des Vereins zu erhalten, da die Gemeinde uns als Verhandlungspartner nicht akzeptiert. Der Vorstand wird aus honorigen Personen mit politischen Funktionen in der SPÖ oder im sozialen Bereich gebildet. Unsere Gruppe befürchtet, daß wir dadurch in unserer inhaltlichen Arbeit im Frauenhaus eingeschränkt werden könnten und unsere Vorstellungen zurückstellen müßten.

Aus Enttäuschung über diesen Ablauf versuchen wir Kontakte zu anderen Personen aufzunehmen, um andere Möglichkeiten der Finanzierung zu finden.

Wir treffen uns einige Male mit Frauen aus dem Frauenzentrum (Aktion Unabhängiger Frauen), merken aber bald, daß uns die Zusammenarbeit mit ihnen auch nicht weiterbringen würde, da sie nicht bereit sind, konkrete Möglichkeiten der Finanzierung eines autonomen Frauenhauses zu suchen. Klar ist uns allen, daß die Finanzierung eines so großen Projektes durch Spenden nicht zu machen ist. Die Zentrumsfrauen sind aber nicht zur Zusammenarbeit mit den

Frauen aus der SPÖ bereit und kritisieren an unserer Gruppe, daß wir sehr wohl dazu bereit sind.

Ein weiterer Versuch, einen neuen Weg einzuschlagen, ist die Kontaktaufnahme mit den Wissenschaftlerinnen Edit Schlaffer und Cheryl Benard. Sie schlagen als konkrete Möglichkeit die Finanzierung durch die Caritas vor. Wir können uns aber aus ideologischen Gründen nicht vorstellen, in einem von der Caritas finanzierten Frauenhaus zu arbeiten. Die weitere Zusammenarbeit mit Schlaffer und Bernard zerbricht, weil wir den Eindruck haben, daß sie an der konkreten Arbeit für die Errichtung eines Frauenhauses bzw. im Frauenhaus nicht interessiert sind.

Im Frühjahr 1978 meldet sich Irmtraut Leirer wieder bei uns und fragt, ob wir noch Interesse hätten, am Frauenhausprojekt mitzuarbeiten.

Wir haben uns daher noch einmal diesem Konflikt zu stellen: Sollen wir weiterarbeiten, obwohl wir − zumindest formal − keinen Einfluß im Verein haben?

Wir entscheiden uns dafür weiterzumachen − aus mehreren Gründen: Wir finden es nach wie vor wichtig, daß ein Frauenhaus gegründet wird und wollen auch noch immer gern darin arbeiten. Zum anderen entwickelt sich die Zusammenarbeit mit Irmtraut Leirer, der Geschäftsführerin des Vereins, sehr positiv. Gemeinsam sind wir an der Verwirklichung des Frauenhauses interessiert und wollen auch gemeinsam daran arbeiten.

Wir beginnen ein Haus zu suchen. Die Finanzierung ist im Sommer gesichert, im September wird sie offiziell vom Gemeinderat beschlossen.

Im Juli finden wir eine Etage in einem Wohnhaus, die gut für unsere Zwecke geeignet ist. In den nächsten Wochen beginnt die Arbeit voll anzulaufen: Konzepte für die inhaltliche Arbeit sind zu diskutieren, Kontakte mit verschiedenen Ämtern und Institutionen werden aufgenommen, Renovierungsarbeiten im Haus beanspruchen uns fast am meisten, nicht zuletzt körperlich!

Anfang Oktober sieht sich der Verein gezwungen, eine Pressekonferenz zu geben, da von seiten der ÖVP öffentlich bekannt wird, daß am 1. 10. ein Heim für mißhandelte Frauen eröffnet wird. Wir richten ab diesem Zeitpunkt eine telefonische Beratung ein.

Am 1. November kann, wie versprochen, die erste Frau bei uns einziehen.

Traudl berichtet

September 1975: European Group for the study of Deviance and social Control, Amsterdamer Konferenz. Ich leite einen Arbeitskreis über „Social control of women". Eine Frau erzählt über „battered wives" und daß sie in einer Initiative in England mitarbeitet.

Kurz nach dem 5. 10. 1975: Johanna Dohnal und ich sprechen nach glücklich geschlagener NR-Wahl darüber, daß wir nach der Durchsetzung der Fristenlösung wieder etwas für jene Frauen tun sollten, für deren Anliegen ja schließlich die Sozialistische Partei angetreten ist, nämlich für die Arbeiterinnen. Es fallen uns zwei Dinge ein, die Chancen auf rasche Durchsetzung haben: Mädchen in technischen Berufen, Häuser für geschlagene Frauen. Ich höre mich um, lese, spreche mit Frauen mit ausländischen Erfahrungen. Mir wird klar: Wir brauchen ein Frauenhaus.

Frühjahr oder Frühsommer 1976: Der Kriminalsoziologe Heinz Steinert erzählt mir, er sei Projektleiter für ein Projekt von Cheryl Benard und Edit Schlaffer über Gewalt gegen Frauen. Die Genossinnen und wohlmeinenden Genossen meinen, man solle die Ergebnisse dieser wissenschaftlichen Untersuchung abwarten. Ich bin wütend. Mindestens ein Jahr Zeit verloren.

17. 3. 1977: Erste konkrete Frauenhausbesprechung! Wir pfeifen auf die Wissenschaft! Wir wissen, daß wir ein solches Haus brauchen! Stadtrat Stacher sagt uns seine Unterstützung zu.

13. 4. 1977: Zweite Besprechung. Dann bricht die Parteiprogrammbesprechung los.

Sommer 1977: Im „Profil" erscheint ein Artikel über geschlagene Frauen mit dem Vorwurf, die Politiker kümmerten sich nicht um die Problematik. Johanna Dohnal schreibt einen aufklärenden Leserbrief.

September 1977: Ich spreche mit einigen Studentinnen der Akademie für Sozialarbeit, ob sie bei einem Frauenhausprojekt mitmachen würden.

24. 10. 1977: Gemeinderätin Marilies Flemming (ÖVP) bringt einen Antrag auf Errichtung eines Mutter-Kind-Heimes (!) für geschlagene Frauen im Gemeinderat ein. Gott sei Dank im falschen Ausschuß! Wir wollen ein Frauenhaus, kein Mutter-Kind-Heim!

11. 11. 1977: Wir treffen uns in der Wohnung von G. M. und formulieren ein konkretes, mehrseitiges Papier zum Vorzeigen. Ohne

Papier keine Subventionen! Mit diesem Papier gehe ich zu Johanna Dohnal.

16. 11. 1977: Treffen bei Cheryl Benard und Edit Schlaffer. Ich zeige ihnen unser Papier. Sie nehmen es mit Wohlwollen zur Kenntnis und bieten weitere Beratung an. Leider keine Mitarbeit oder Unterstützung. Die Sozialarbeitsstudentinnen und ich treffen einander weiterhin regelmäßig.

25. 1. 1978: Der Verein „Soziale Hilfen für gefährdete Frauen und Kinder" wird als Trägerverein bei der Vereinspolizei angemeldet. Gleichzeitig bieten wir unsere Dienste der Stadt Wien in einem offiziellen Schreiben an.

Mein Unterricht an der Akademie für Sozialarbeit hat aufgehört. Ich sehe die Studentinnen nur mehr selten. Zwei von ihnen fahren nach Bremen in ein Frauenhaus auf Praktikum. Die Vorbereitungen für den Gemeinderats-Wahlkampf im Herbst beginnen. Ich bereite eine große Ausstellung über die Wienerin vor. Bin total überarbeitet.

11. 4. 1978: Johanna Dohnal und ich stellen den Verein der Öffentlichkeit im Rahmen einer Pressekonferenz vor.

27. 4. 1978: Generalversammlung des Vereins und Wahl des Vorstandes.

2. 5. 1978: Aussprache mit den Sozialarbeitsstudentinnen. Angebot von mir: Wenn ich etwas Konkretes weiß, melde ich mich wieder bei ihnen. Häuser, Wohnungen werden angeschaut, Subventionsansuchen geschrieben. Bösartige Artikel der „Feministinnen" aushalten! Nicht aufgeben! Johanna Dohnal hilft, wo sie kann, und ist auch sonst eine große Stütze.

17. 6. 1978: Wir treffen uns wieder.

7. 7. 1978: Hurra, es gibt ein geeignetes Objekt!

Sommer 1978: Lange, zähe Verhandlungen mit dem Hausherrn, viel Bürokram mit der Gemeinde. Viel Konzeptarbeit mit den Sozialarbeiterinnen.

12. 9. 1978: Der Gemeinderat beschließt uns. Es gibt uns offiziell, und wir bekommen Geld! Unser Vereinsvorsitzender Christian Broda ist schwer erkrankt. Wir warten daher noch mit einer Pressekonferenz.

Der Gemeindewahlkampf tobt. Gemeinderätin Marilies Flemming (ÖVP) schreibt in Artikeln in Bezirksjournalen, daß das von ihr durchgesetzte Mutter-Kind-Heim am 1. Oktober eröffnet wird und meint uns damit!

4. 10. 1978: Wir sehen uns trotz Handwerkertumult und allem Chaos gezwungen, eine Pressekonferenz zu geben, um mitzuteilen, daß der Betrieb erst am 1. November 1978 anfängt (also erst nach der Gemeinderatswahl). 1. 11. 1978: Wir haben es geschafft! Die Schwierigkeiten der Berge sind vorbei, jetzt warten nur noch die der Ebenen auf uns.

Soweit die beiden Geschichtsschreibungen. Bevor die Schilderung der Entstehungsgeschichte durch die Mitarbeiterinnen weitergeführt werden kann, bedarf es folgender Hintergrundanmerkungen:

Hintergrundanmerkungen

Regionalpolitische Verhältnisse

Wien nimmt innerhalb von Österreich eine spezifische Stellung ein, die im Falle der Fraueninitiative ausnützbar war. Zunächst einmal fiel durch den Umstand, daß Wien Bundesland und Landeshauptstadt zugleich ist, das Hin- und Herverweisen der Initiativgruppe durch die Politiker weg. Adressat für diverse Ansuchen war immer der Magistrat der Stadt Wien. Diese Einheit wirkte sich auch auf dem politischen Sektor aus. Mehrheitspartei in Wien ist die SPÖ und damit der Adressat zur Durchsetzung. Hier erleichterte der Umstand, daß die sozialistischen Frauen Wiens und deren ehemalige Landesfrauensekretärin Johanna Dohnal am Projekt interessiert waren, die Realisierung. Johanna Dohnal war gleichzeitig auch als Gemeinderätin im Sozial- und Gesundheitsausschuß tätig. Die diesem Ressort unterstehende Magistratsabteilung der Stadt Wien, MA 12 Sozialamt, wurde zum Vertragspartner des Wiener Frauenhausvereins.

Strategien zur Durchsetzung des Frauenhauses

Phase 1: Abwarten, was kommt
Kritisch betrachtet, wurde von der Initiativgruppe am Anfang der Arbeit überhaupt keine Strategie zur Durchsetzung entwickelt. Sie beschränkte sich auf die Erstellung des Konzeptes und auf inhaltliche Diskussionen. Für die Durchsetzung war Irmtraut Leirer verantwortlich. Sie hatte die Kontakte zu den politischen Gremien und wichtigen Personen, die über die Finanzierung des Frauenhauses zu entscheiden hatten. Ihr war diese Aufgabe voll und ganz überlassen, da sie eben dafür „kompetent" war (das stand eigentlich in großem Wi-

derspruch zu den Vorstellungen, ohne Spezialistinnen arbeiten zu wollen).

Und so sahen die Mitarbeiterinnen den weiteren Verlauf: „Wir verfaßten ein mehrseitiges Konzept – orientiert haben wir uns dabei an ausländischen Frauenhäusern – das der Gemeinde vorgelegt wurde. Der nächste Schritt war die Gründung eines Vereins, der als Träger des Frauenhauses fungieren sollte. Auch die Erstellung der Statuten überließen wir Traudl Leirer, die eben mehr Erfahrung auf diesem Gebiet hatte.

Wir waren der Auffassung, daß nur Frauen, die aktiv im Frauenhaus mitarbeiten wollten, ordentliche Mitglieder des Vereins sein sollten. Allerdings standen wir plötzlich vor der Tatsache, daß der Verein von Johanna Dohnal proponiert worden war (ohne unser Wissen) und den Namen ‚Soziale Hilfen für gefährdete Frauen und ihre Kinder' trug. Auch die Überlegungen, wer von uns in den Vorstand gehen sollte, wurde hinfällig: die konstituierende Generalversammlung fand ohne uns statt. Als Mitglieder des Vereins wurden honorige Personen (Männer und Frauen) des öffentlichen Lebens in den Verein aufgenommen. Bei einer Pressekonferenz wurde der neue Sozialdienst vorgestellt."

Phase 2: Enttäuschung und Rückzug
„Nachdem uns klargeworden war, daß uns die Gemeinde als Initiativgruppe für ein Frauenhaus nicht akzeptieren würde – auf jeden Fall nicht in bezug auf die Bereitstellung der finanziellen Mittel – zogen wir uns von der Zusammenarbeit mit dem Verein zurück. Wir intensivierten den Kontakt zu einer Gruppe von Frauen, die sich einige Zeit zuvor ebenfalls für die Errichtung eines Frauenhauses engagiert hatten. Zwei Frauen aus dieser Gruppe hatten eine Studie über Gewalt gegen Frauen in Wien gemacht. Wichtig schien uns vor allem, unsere unklare Warteposition zu überwinden, und so beschlossen wir, mehr Gewicht auf die Öffentlichkeitsarbeit zu legen. Wir hatten die Hoffnung auf eine Zusammenarbeit mit dem Verein ziemlich aufgegeben und versuchten, andere Finanzierungsmöglichkeiten zu finden. Ein Gespräch mit der Caritas fand statt, verlief aber erfolglos. Die Zusagen waren nur sehr vage und ungesichert. Außerdem hatten wir nicht viel Vertrauen, daß die Caritas unsere inhaltlichen Vorstellungen akzeptieren würde und befürchteten Einmischungen.
Ein Informationsabend im Plenum der AUF (Aktion Unabhängi-

ger Frauen) bestätigte unsere Einschätzung, daß eine Finanzierung durch Spenden total unrealistisch wäre – Erfahrungen von anderen Frauenprojekten waren in dieser Hinsicht sehr negativ. Die Zusammenarbeit mit den beiden Wissenschaftlerinnen zerschlug sich, da wir das Gefühl hatten, daß sie an einer Mitarbeit gar nicht interessiert waren, sondern bei ihnen das wissenschaftliche Interesse im Vordergrund stand.

Phase 3: Wir arbeiten doch mit.

Während der zweiten Phase fanden auch immer wieder Gespräche mit dem Verein statt sowie Überlegungen, wie und auf welcher Basis eine Zusammenarbeit sinnvoll wäre. Unsere bisherigen Erfahrungen in bezug auf die Durchsetzung eines Frauenhauses, das unserem Konzept entsprach, brachte uns zu folgender Einschätzung: Da für die Errichtung und den Betrieb der Frauenhäuser die Mittel der Initiativgruppen und der betroffenen Frauen nicht ausreichen, müssen öffentliche Gelder aufgetrieben werden. (Ausnahmen wie Chiswick, das erste Frauenhaus in England, das von einem privaten Spender ermöglicht wurde, sind sehr selten.) Dies führt zu Kontakten mit dem politischen und bürokratischen System und zur Unterwerfung unter dessen Spielregeln. Erster Schritt ist die Gründung eines Vereins. Die Bürokratie braucht jemanden, an den sie sich halten kann. Sie verlangt stabile Gesellschaftsformen. Ohne eine derartige Form ist eine Basisgruppe, und sei ihr Anliegen noch so gerechtfertigt, nicht einmal verhandlungsfähig. Dieser Verein darf jedoch nicht irgendein Verein sein, sondern muß eine gewisse Honorigkeit aufweisen."[1]

Zur Zeit der Gründung bestand der Vorstand des Vereins aus: Bundesminister für Justiz Christian Broda, Vorsitzender; Anne Kohn-Feuermann, Stellvertreterin; Irmtraut Leirer, Stellvertreterin, Geschäftsführerin; Heinz Steinert, Schriftführer; Staatssekretär Johanna Dohnal, Kassierin.

Dieser Vorstand wurde gewählt, weil wir von den öffentlichen Funktionen, die die Vorstandsmitglieder innehaben, eine gewisse Hilfe für den Verein erhofften. Diese Erwartung hat sich auch in konkreten Fällen erfüllt: Einerseits als Einschüchterungsfunktion für Ämter, andererseits in finanzieller Hinsicht (Spenden).

Gemeinsam mit den Frauen des Vereins einigten wir uns darauf, daß wir eine Zusammenarbeit wagen wollten. Ausschlaggebend für uns war, daß wir sahen, daß durch die Zusammenarbeit die Realisierung eines Frauenhauses möglich wäre und auch unsere inhaltlichen Vorstellungen hier am ehesten zu verwirklichen seien. Wir einigten uns auch darauf, daß wir als ganze Gruppe mitarbeiten wollten.

Die Basis für eine inhaltliche Zusammenarbeit war einerseits die Zusicherung, daß wir die Arbeit im Haus nach unseren Vorstellungen organisieren und gestalten könnten und daß Aktionen nach außen gemeinsam und nach Absprache mit dem Verein stattfinden sollten. In die direkte Arbeit im Haus greifen die Vorstandsmitglieder, mit Ausnahme der Geschäftsführerin, nicht ein. Zwischen den Vereinsmitgliedern und den Mitarbeiterinnen besteht wenig Kontakt. Die Arbeit der Betreuerinnen im Frauenhaus wird von ihnen selbst gestaltet, die Vereinsmitglieder nehmen keinen bestimmten Einfluß darauf. Einige der Mitglieder sind sehr engagiert und unterstützen von sich aus das Frauenhaus mit diversen Aktivitäten. Sie erhalten dafür infolge der Überlastung der Mitarbeiterinnen wenig Dank. Wir sind über die Geduld der Vereinsmitglieder mit uns sehr dankbar. Aber es gibt doch Überlegungen, wie wir diese Zusammenarbeit ändern könnten. Eine Form davon haben wir bereits versucht: Wir haben aus unseren Erfahrungen Fälle zusammengestellt, die zwar die Frauen im Frauenhaus besonders betreffen, die aber für viel mehr Frauen ein Problem sind; so etwa das Nichtanwenden von Gesetzen durch Richter und Beamte oder die Veränderung von Gesetzen. In diesen Fällen können die Frauen in den politischen Parteien tätig werden und Änderungen durchsetzen. Hier ist Kooperation notwendig und sinnvoll.

Einige Erfahrungen mit dieser Konstruktion

Auch während des Betriebs ging nicht alles so problemlos. Die SPÖ-Frauen fühlten sich oft in die Rolle von „Weihnachtsfrauen" gedrängt, die Geld, Wohnungen und Jobs etc. auftreiben sollten, und spürten den stummen Vorwurf, daß sie aus dem Füllhorn des politischen Systems zuwenig herausholten. Auch flackerte immer wieder Mißtrauen auf, ob sie das Haus nicht nur aus Karrieregründen betrieben und sich bei Konflikten zurückziehen würden.

Für die Sozialarbeiterinnen ergab sich das Gefühl, daß sie von der Kontruktion des Vereins her gar keine andere Möglichkeit hatten, als sich an die Parteifrauen zu wenden. Außerdem bestand ein gewisses

Unbehagen am „Interventionssog", da andere Initiativen, die diese Beziehungen nicht haben, sich auch nicht so durchsetzen können. Darüber hinaus bestanden auch Unsicherheiten, da Mitarbeiterinnen den Eindruck hatten, daß die momentane Konstruktion sehr personengebunden sei und der Wegfall dieser Personen das Funktionieren des Hauses gefährden könnte.

Was lehrt uns das?

Wir leben noch. Das politische System, in dem wir leben, hat durchaus Nischen, in denen Basisinitiativen gedeihen können. Wichtig ist, genau herauszufinden, wie geräumig diese Nischen sind und wie frau/man sie noch etwas ausdehnen kann. Ein, zwei, zehn Frauenhäuser stören das System überhaupt nicht. Schwieriger wird es werden, wenn wir daran gehen, das anfangs als „gesellschaftspolitisch" definierte Problem auch in diesem breiten Rahmen anzupakken. Aber ein, zwei, zehn Frauenhäuser sollten nicht nur als „systemimmanent" abgetan werden. Sie schaffen auch Bewußtsein, geben Mut und Hoffnung, denn so schwach sind wir nun auch wieder nicht.

Anmerkung

[1] Eisenreich, A./Logar, R./Leirer, I., *Basisinitiativen und politisches System am Beispiel des Wiener Frauenhauses.* In: Österreichische Zeitschrift für Politikwissenschaft, Wien 9. Jg. 1980/2, S. 234

Graz: Eine Idee verbreitet sich

Grete berichtet

Anstoß für die Idee, ein Grazer Frauenhaus zu errichten, war für die Schreiberin dieser Zeilen ein Bericht über das Wiener Frauenhaus, entnommen dem Wiener Wochenblatt „Samstag" vom 30. 12. 1980. Im Rahmen der Grazer Urania lief zu dieser Zeit der Arbeitskreis „Emanzipation konkret" mit lebhaften Kontakten zur aktiven Frauengruppe des Frauenzentrums in der Bergmanngasse. Dieser Arbeitskreis bildete sodann auch die geeignete Basis, um das Konzept eines Grazer Frauenhauses gründlich zu diskutieren. In dieser ersten Phase war es eine Runde von ca. fünfzehn Frauen, die sich alsbald durch Kontaktaufnahme zu anderen interessierten Frauen und vor allem mit einer bereits bestehenden Frauengruppe erheblich erweiterte.

Wir beschlossen gemeinsam, Dr. Irmtraut Leirer und Anneliese Eisenreich vom Wiener Frauenhaus zu einem Uraniavortrag einzuladen. Es gelang uns nicht nur, über einhundert Personen, überwiegend Frauen, sondern auch Presse und Rundfunk zu einer umfassenden Berichterstattung zu aktivieren. Somit war es möglich, unsere Idee zu verbreiten. Der Funke zündete – man begann sich für uns und unser Projekt zu interessieren.

Zusammensetzung der Frauengruppe

Ich möchte von der Basisgruppe „Emanzipation konkret" berichten, die sich unter meiner Leitung seit dem Herbst 1977 in Abständen von vierzehn Tagen zu Abendgesprächen über aktuelle Frauenprobleme mit verschiedenen Gastvorträgen und daran anschließenden Diskussionen ziemlich regelmäßig traf. Frauen aus dem Frauenzentrum Graz hielten die ersten Referate über die Geschichte der Frauenbewegung, über Frauen am Arbeitsplatz, Frauen im Haushalt, Frauen und Medizin und über die Rechtslage der Frau. Es folgten viele andere Themen, die von der Gruppe gemeinsam ausgewählt und stets lebhaft diskutiert wurden.

Für die Vorträge konnten auch Männer (Fachleute der Universität) gewonnen werden, der Arbeitskreis war ja ursprünglich für Frauen *und* Männer gedacht. Männer sollten sich – unserer Vorstellung nach – auch mit ihrer eigenen Emanzipation auseinandersetzen. Hin und wieder verirrte sich auch ein Mann in unsere Runde. Aber alleingelassen unter vielen Frauen, die die Männer zwar keineswegs angriffen, aber auch nicht mit Begeisterungsstürmen begrüßten, brachten sie anscheinend zu wenig Mut auf, öfter als einmal zu erscheinen, und so blieb es im wesentlichen ein Frauenarbeitskreis.

Altersmäßig gab es eine bunte Mischung von Vierundzwanzig- bis Sechzigjährigen, allerding überwogen die Frauen um die dreißig. Darunter gab es welche, die bei politischen Parteien mitarbeiteten, die meisten Beteiligten fühlten sich aber keiner der bestehenden Parteien besonders verpflichtet. Über Religionszugehörigkeit wurde kaum geredet, ein Mitglied unserer Gruppe war Religionslehrerin, was voll akzeptiert wurde.

Ein heikles Kapitel war die Schichtzugehörigkeit. Vorübergehend tauchten eine Sekretärin und eine Postangestellte bei uns auf, die schienen sich aber bei unseren teilweise sehr scharf formulierten Debatten überfordert zu fühlen, obwohl wir sie mit großer Freundlichkeit aufgenommen hatten. Auf unsere Fragen nach den Gründen für ihren Rückzug schützten sie zuerst Zeitmangel vor, bei näherer Betrachtung stellte sich allerdings doch heraus, daß sie sich mit unseren Anliegen nicht identifizieren konnten.

So kam es, daß fast alle Gruppenmitglieder einen höheren Schulabschluß hatten bzw. ein Studium absolvierten oder bereits abgeschlossen hatten. Es gab also bei uns die gleichen Schwierigkeiten wie auch bei anderen Frauengruppen, die sich mit emanzipatorischen Fragen beschäftigten: nur Frauen mit höherer Schulbildung schienen für unsere Anliegen sensibilisiert zu sein; an Frauen aus der Arbeiterklasse konnten wir überhaupt nicht herankommen.

Ilse berichtet

Eine weitere Frauengruppe, die sich am Frauenhaus beteiligte, wurde 1976 gegründet. Unsere Gruppe entstand aufgrund einer Privatinitiative von Gerlinde Schilcher, die schon einige Zeit vorher mit der Grazer Urania ein „Emanzipations-Symposium" veranstaltet hatte. Sie sprach Frauen mit ähnlichen Lebensbedingungen (zwischen dreißig und vierzig, verheiratet, Kinder, ohne Beruf) an. Wir begannen die Gruppe mit vierzehn Frauen und machten zu Anfang zehn Abende Selbsterfahrung mit Frau Dr. Ingrid Krafft-Ebing. Wir hatten uns vorgenommen, zuerst einmal etwas für uns persönlich zu tun – der Nachholbedarf war mehr als groß – und dann, sofern wir uns dazu in der Lage sähen, etwas in der Öffentlichkeit für Frauen zu unternehmen. Wir trafen uns in einer Privatwohnung, und nach den Selbsterfahrungsabenden zogen wir in ein am Abend leerstehendes Büro um, das uns der Ehemann einer teilnehmenden Frau zur Verfügung stellte. Dort versuchten wir, das Buch *Anleitung zum sozialen Lernen* von Schwäbisch/Siems ohne Gruppenleiter Einheit für Einheit durchzunehmen. Jeweils eine Frau übernahm die Leitung der Gruppe. Wir konnten eine erstaunliche Entwicklung an uns beobachten: Frauen, die sich bisher kaum etwas zugetraut hatten, wurden aktiv und entwickelten Fähigkeiten, die sie selbst an sich mit Erstaunen registrierten. Die Gruppe hatte für uns eine ganz wichtige Funktion bekommen, viele von uns warteten regelrecht von Woche zu Woche auf den Abend.

Im Herbst 1977 entschlossen wir uns, eine Wohnung zu mieten, und fanden auch bald eine Zwei-Zimmer-Wohnung in der Innenstadt. Die Miete finanzierten wir teils durch den Verkauf alter Sachen am Grazer Fetzenmarkt, teils durch die monatlichen Beitragszahlungen der Gruppenmitglieder. Einige neue Frauen waren dazugekommen, und der Wunsch nach einer zweiten Selbsterfahrungsgruppe wurde laut. Wir organisierten einen Trainer und eine Frau, die ihm assistierte.

In der Zwischenzeit hatten sich einige Frauen von ihren Männern getrennt. Immer wieder konnten wir von den Ehemännern hören, daß sie unsere Gruppe als bedrohlich für ihre Ehe fänden und daß wir uns gegenseitig „aufschaukelten". Einige Frauen wurden sogar von ihren Männern an der Teilnahme an den Gruppenabenden gehindert, die meisten lernten aber, sich durchzusetzen. Tatsache ist, daß keine der nunmehr geschiedenen Ehen erst während der Gruppe zu kriseln begann. Sicher ist außerdem, daß die Gruppe für diese Frauen eine Stützfunktion hatte, da sie über ihre Schwierigkeiten jederzeit sprechen konnten. Drei Frauen begannen in der Folge wieder mit ihrem Studium, einige fanden Halbtagsstellen, eine eine Ganztagsstelle.

Mitten in unsere Überlegungen, die Wohnung aufzugeben, da sie für diese Gruppe nicht mehr unmittelbar gebraucht wurde, kam Grete Schurz mit der Idee, ein Frauenhaus in Graz zu errichten. Jetzt bot sich uns die Gelegenheit, unsere ursprüngliche Idee, auch öffentlich zu wirken, wieder aufzugreifen. Wir lösten unsere Wohnung auf und trafen uns sporadisch mit der anderen Gruppe im Haus Carnerigasse 34, wo wir gratis einen Raum benutzen konnten. Derzeit sitzen zwei Frauen unserer Gruppe im Vorstand der Grazer Fraueninitiative, eine Frau wird die Stelle einer Hausmutter im Frauenhaus übernehmen, eine zweite eine Halbtagsstelle im Frauenhaus antreten.

Hintergrundanmerkungen

Zur Motivation der Gruppenmitglieder

Die Gruppe war an emanzipatorischen Fragen interessiert, daher gab es vom ersten Augenblick an ein lebhaftes Interesse an diesem Vorhaben. Da sie keine Utopisten waren, war ihnen klar, daß sich ihnen bei der Verwirklichung ihres Vorhabens viele Schwierigkeiten in den Weg stellen würden. Sie wußten, daß sie sehr viel Geld zur Inbetriebnahme des Hauses brauchen würden, was gleichbedeutend war mit einem Bittgang zu öffentlichen Institutionen wie Stadt, Land, Kirche, Gewerkschaft usw. Die Motivationen waren einerseits davon geprägt, daß Gewalt gegen Frauen durch die Errichtung eines Frauenhauses ein öffentliches, wenn auch unangenehmes Thema werden sollte, andererseits wollten sie auch konkrete Soforthilfe für die betroffenen Frauen leisten. Sie alle fühlten sich, wenn auch weniger von direkter, so doch von struktureller Gewalt betroffen. Sie wollten etwas für sich und für andere Frauen tun!

Unterstützende Randgruppen

Sobald sie sich als Gruppe konstituiert hatten, war es ihnen wichtig, andere Gruppen, die sie unterstützen könnten, für diese Arbeit zu interessieren. Sie dachten dabei an Frauen aus den drei in Stadt und Land vertretenen politischen Parteien, an Frauen, die führend in Religionsgemeinschaften wirkten, an Gewerkschaftsfrauen und an leitende Sozialarbeiterinnen, die ständig mit derartigen Problemen konfrontiert waren, ohne konkrete Soforthilfe leisten zu können. Die Oberfürsorgerin der Stadt war so angetan von der Idee, daß sie sich entschloß, nicht nur am Rande mitzuarbeiten, sondern sich ganz an der Verwirklichung des Projektes zu beteiligen. Sie ist die derzeitige stellvertretende Vorsitzende des Vereins. Führende Sozialistinnen wollten sich engagieren, auch die Landesfrauenführerin der SPÖ sagte ihre Unterstützung zu. Sie sollte bei der Vereinsgründung in den Beirat gewählt werden. Desgleichen die Landesfrauenführerin der ÖVP, welche dem Vorhaben mit großem Interesse und persönlichem Engagement gegenüberstand. Von der FPÖ konnte zu einem späteren Zeitpunkt eine Grazer Gemeinderätin zur Mitarbeit gewonnen werden. Große Unterstützung fanden sie auch bei der Vorsitzenden der Katholischen Frauenbewegung; sie ebnete den Weg zum Bischof, wo sie um finanzielle Unterstützung bitten wollte. Interessiert zeigte sich auch die Vertreterin der Evangelischen Frauenbewegung, allerdings konnten sie von dieser Seite keine finanzielle Unterstützung erwarten, da die evangelische Kirche unter chronischem Geldmangel leidet. Große Hoffnungen setzten die Gruppenfrauen auf die Gewerkschaft, bei der sie nicht ohne Grund gute finanzielle Reserven vermuteten. Es gelang zwar auch, die Leiterin des Frauenreferates zu gewinnen, aber aller beider Bemühungen, Subventionsmittel für das Frauenhaus zu bekommen, scheiterten an dem Hinweis, für dieses

Anliegen nicht zuständig zu sein. Geld könnte nur auf Bundesebene im ÖGB flüssig gemacht werden, dort aber stießen die Gruppenfrauen bislang auf taube Ohren. Sie versuchten auch die Bundesregierung für das Vorhaben zu gewinnen und sprachen mit Frau Johanna Dohnal und Herrn Justizminister Broda, dem Vorsitzenden des Wiener Frauenhausvereines. Beide zeigten sich sehr interessiert, meinten aber, die Gesetzlage ermögliche es ihnen nicht, Vorhaben, die Stadt- bzw. Landessache seien, mitzufinanzieren.

Frauen treffen sich zu Frauenhausdiskussionen

Nach dem großen Uraniavortrag über das Wiener Frauenhaus schufen sie ein Diskussionsforum, an dem am ersten Abend über fünfzig Frauen mit großem Engagement teilnahmen. Es wurde nach ausführlichen Informationen verlangt, und da sie sich am ersten Abend außerstande sahen, alle Fragen umfassend zu beantworten, erklärte sich eine Gruppe von Studentinnen, die aktiv im Frauenzentrum mitarbeitete, bereit, eine Broschüre zum Thema „Gewalt gegen Frauen" und über Sinn und Zweck von Frauenhäusern zu gestalten und zu verteilen. Damit war ein weiterer Schritt in ihrer Öffentlichkeitsarbeit getan. Die Gruppenfrauen beschlossen, diese Broschüre auch an maßgebliche Politiker in Stadt und Land zu verteilen. Eine Rundfunkdiskussion über die Notwendigkeit von Frauenhäusern wurde angeregt, und die Leiterin der Sendung „Magazin für die Frau" sagte zu, eine ganze Sendung für dieses Anliegen zur Verfügung zu stellen. Teilnehmerinnen dieser Sendung sollten zwei Frauen vom Wiener Frauenhaus und eine Vertreterin der Initiativgruppe sein. Die Zusammenkünfte fanden zu dieser Zeit immer noch in den Räumen der Grazer Urania statt, deren Leitung – zwei Männer – das Vorhaben mit großem Einsatz förderten. Die Gruppenfrauen beschlossen, ein konkretes Konzept für ein Grazer Frauenhaus zu erarbeiten.

Regionalpolitische Verhältnisse in Graz und der Steiermark

Anders als in Wien, wo nicht nur Stadt und Land identisch sind, sondern auch von einer sozialistischen Mehrheit regiert werden, erwiesen sich zur Zeit der Einleitungsphase des Projektes die steirischen und Grazer politischen Mehrheitsverhältnisse als recht komplex. Die Initiativgruppe hatte es politisch eindeutig schwerer und wußte auch von dem großen „Budgetloch im Grazer Haushaltssäckel", von dem die Presse immer wieder berichtete.

An der Spitze der Stadtverwaltung stand Bürgermeister DDr. Götz, Parteiobmann der steirischen FPÖ. Ohne sein Zutun konnte es keine finanzielle Unterstützung durch die Stadt geben, da die Koalitionsmehrheit ÖVP/FPÖ im Rathaus eine konkrete Macht darstellte. Es galt also, ihn für diese Idee zu gewinnen. Der erste Schritt in Richtung Finanzierung galt aber dem Land, das in der Steiermark bekanntlich von einer ÖVP-Mehrheit regiert wird. Der Sozialreferent des Landes, in dessen Ressort die Angelegenheit fiel, war aber ein Vertreter der sozialistischen Partei, ebenso wie der Sozialreferent der Stadt, der sich als erster mit dieser Idee uneingeschränkt anfreunden konnte und dessen Unterstützung der Gruppe, wie später zu berichten sein wird, eine große Hilfe war.

Auch das kirchliche Wohlwollen war ein nicht zu unterschätzender Faktor in der steirischen politischen Landschaft. Da die Gruppe Frauen aller politischen Fraktionen für sich gewonnen hatte, konnte sie die ersten gemeinsamen Schritte bei der mühsamen Suche nach Geld wagen. Ihr Grundsatz dabei war, bei allen ihren Bestrebungen überparteilich und überkonfessionell zu bleiben und keine Einmischung, von welcher Seite auch immer, in die Konzeptplanung des Frauenhauses zu gestatten. Sie wollte ein Frauenhaus nach ihren Vorstellungen verwirklichen.

Kleingruppenarbeit

Bei den Diskussionsabenden kristallisierte sich der Wunsch heraus, in Kleingruppen zu arbeiten, da diese Arbeitsweise sehr wirkungsvoll erschien. Nach Interessenlagen wurden drei Gruppen gebildet, eine vierte, die sich mit dem Thema „Frau und Recht" befassen sollten, wurde zwar gegründet, kam aber kaum zum Arbeiten und ging schließlich in der Großgruppe auf, die sich weiterhin von Zeit zu Zeit zur Diskussion der Ergebnisse der Kleingruppenarbeit traf. Gemeinsame Beschlüsse sollten auch weiterhin im Forum gefaßt werden, aber in den Arbeitsgruppen vorbereitet werden.

Es fanden sich zusammen:
— ein Arbeitskreis zur Ausarbeitung von Vereinsstatuten und zur Erstellung eines Zusammenarbeitskataloges mit anderen Institutionen,
— ein Arbeitskreis zur inneren Organisation des Frauenhauses,
— ein Arbeitskreis zur pädagogischen und psychologischen Betreuung der im Haus lebenden Kinder.

Diese Arbeitsteilung erwies sich als sehr vorteilhaft, da die Großgruppe so durch die Interessensschwerpunkte gegliedert wurde.

Vereinsstatuten

Der Arbeitskreis, der sich mit den Vereinsstatuten beschäftigte, begann mit Hochdruck zu arbeiten. Es ging um die rasche und doch sorgfältige Ausarbeitung von Vereinsstatuten, wobei die Gruppe großes Augenmerk darauf legte, autonom, das heißt unabhängig von den Parteien zu bleiben. Wichtig erschien außerdem, nur Frauen im Vorstand zu haben. Der Vorstand sollte keine Alibifunktionen erfüllen, sondern alle Entscheidungen für das Grazer Frauenhaus treffen. Erfahrene Frauen aus den politischen Parteien und den Kirchen wirkten beim Entwurf der Statuten mit. Vorlage waren die Statuten des Wiener Frauenhauses, die den steirischen Verhältnissen angepaßt wurden.

Die Gruppe verankerte ein Mitspracherecht der Vereinsmitglieder und schloß Männer aus dem Vorstand aus. Sie verpflichtete sich, jährlich eine Generalversammlung mit einer ausführlichen Berichterstattung für ihre Mitglieder abzuhalten und führte Mitgliedsbeiträge ein. Frauen aus dem Arbeitsteam des Frauenhauses sollten beratend an allen Vereinsvorstandssitzungen teilnehmen, da der Vorstand eine intensive Kontaktpflege zu den Angestellten im Frauenhaus aufrechterhalten wollte. Sehr einflußreiche Politiker aus Stadt und Land, Vertreterinnen der beiden großen Kirchen, der Landesfrauenorganisationen der Parteien, der Gewerkschaftsfrauen und der Kammern (falls von diesen Institutionen finanzielle Hilfe erreicht würde) hatten im Beirat unterstützende Funktion und sollten laufend über die Arbeit informiert werden. Die Vertreter(innen) im Beirat wurden allerdings aus wohlüberlegten Gründen vom Stimmrecht ausgeschlossen. Ein ideologisch so breit gefächerter Beirat mit wahrscheinlich recht unterschiedlichen Vorstellungen zu Frauenfragen hätte bei einem Mitspracherecht in der konkreten Arbeit zu sehr behindert. Allerdings war durchaus klar, daß die künftigen Geldgeber trotz offizieller Nichteinmischung erhebliche Möglichkeiten hatten, die Arbeit zu fördern oder einzuschränken. Immerhin war die Gruppe auf die Gelder, die man ihr zur Verfügung stellen konnte, dringend angewiesen. Die intensive Arbeit ergab dann allerdings Statuten, die alle zufriedenstellten. Der Weg dahin aber war mit langen Auseinandersetzungen in der Gruppe gepflastert.

Rascher konnte sich die Gruppe darauf einigen, mit welchen Institutionen sie eine gute Zusammenarbeit anstreben wollte. Das Sozialamt sollte wichtigster Partner werden. Gute Kontakte mit dem Wohnungsamt, dem Arbeitsamt, der Polizei und der Rettung, mit dem Kriseninterventionszentrum, mit Rechtsanwälten und Ärzten, natürlich mit dem Jugendamt und den Schulbehörden sowie mit der Telefonseelsorge und der Caritas erschienen als wünschenswert.

Innsbruck: Das politische Karussell

Der „Arbeitskreis Emanzipation und Partnerschaft" (kurz AEP) machte im Rahmen seiner Vereinstätigkeit, aber auch in der vom Verein betriebenen Familienberatungsstelle, immer wieder die Erfahrung, daß Frauen von ihren Partnern mißhandelt werden. Der AEP startete daraufhin eine telefonische Umfrage bei Innsbrucker Ärzten, inwieweit sie im Rahmen ihrer Tätigkeit mit Gewalt gegen Frauen konfrontiert wären.

Um dieses Thema auch in der Öffentlichkeit zu diskutieren, organisierte der AEP im Juni 1978 einen einschlägigen Vortrag mit Erica Fischer in der Arbeiterkammer in Innsbruck. Im Oktober 1979 wurde nochmals eine Umfrage für ganz Tirol mittels Fragebögen gestartet. In den an 346 Ärzte ausgesandten Fragebögen (Rücklaufquote 25%) bejahten nahezu die Hälfte dieser Ärzte, nämlich 45%, daß sie immer wieder Frauen in ihrer Praxis zu behandeln hätten, gegen die körperliche Gewalt angewendet worden war. Alle bestehenden Beratungseinrichtungen, alle Ärzte und Krankenhäuser, die mit mißhandelten Frauen konfrontiert seien, könnten den Frauen kaum eine Möglichkeit aufzeigen, aus dieser scheinbar ausweglosen Lage herauszukommen.

So reagierten die AEP-Frauen zuerst interessiert, als sie hörten, daß Rosa Gföller vom Österreichischen Wohlfahrtsdienst Wohnungen für Frauen in Not einrichten wolle. Durch eine schriftliche Anfrage an Frau Gföller stellte sich jedoch schnell heraus, daß die geplante Einrichtung keine adäquate Form der Hilfe für physisch und psychisch mißhandelte Frauen sein konnte. Frau Gföller plante eine Wohnung mit Heimcharakter für „Frauen und Männer in Not" mit stark karitativen Grundzügen und nicht im Sinne der schon bestehenden Frauenhäuser in ganz Europa.

Am 5. 11. 1979 lud der AEP alle Interessierten zu einem offenen Gesprächsabend mit dem Thema „Gewalt gegen Frauen und wirksame Gegenmaßnahmen" ein. Dreißig Frauen nahmen daran teil. Schon an diesem Abend wurde das Gföller-Projekt als nicht anzustrebende Art der Hilfestellung für mißhandelte Frauen eingeschätzt und die Notwendigkeit eines autonomen Frauenhauses mit einem emanzipatorischen Anspruch herausgearbeitet. Davon abgesehen war auch Frau Gföller nie zu einer Zusammenarbeit bereit gewesen.

Von den dreißig Frauen arbeiteten sechs aktiv weiter, um ein autonomes Frauenhaus in Tirol zu verwirklichen. Die eigentlichen Initiatorinnen des ersten Treffens und der Gruppe zogen sich sehr bald aus persönlichen Gründen aus der Initiativgruppe zurück. Durch das Ausscheiden der Initiatorinnen wurden Frauen, die eigentlich nur einmal in die Gruppe „hineinschnuppern" hatten wollen, zum Motor der Gruppe. Die Treffen fanden in vierzehntägigen Abständen statt. Die sich langsam herauskristallisierende Kerngruppe sah sich bald als autonome Gruppe, unabhängig vom AEP. Die Treffen fanden jedoch weiterhin in den AEP-Räumlichkeitn statt.

In Hinblick auf den öffentlichen Diskussionsabend im Arbeiterkammersaal zum Thema „Frauenhaus" im März 1980 begannen die ersten abtastenden Gespräche über ein Frauenhaus und die Vorstellungen der einzelnen Gruppenmitglieder. Podiumsgäste bei dieser Veranstaltung waren: Staatssekretär Johanna Dohnal, Dr. Irmtraut Leirer, Landesrat Dr. Greiderer von der SPÖ, Stadtrat Dr. Kummer von der ÖVP und Frau Grasl von der ÖVP-Frauenbewegung. Christine, eine Vertreterin der Initiativgruppe, hielt ein Einleitungsreferat und war als Diskussionsleiterin mit am Podium. Bei dieser Diskussion stellte die ÖVP die Notwendigkeit eines Frauenhauses in Tirol in Frage. Landesrat Dr. Greiderer hingegen stand einem Frauenhaus positiv gegenüber und fordert auf, mit genaueren Unterlagen und einem Konzept zu ihm zu kommen. Dies erweckt bei einem Teil der Gruppenmitglieder die Hoffnung auf eine baldige Realisierung des Projektes in Innsbruck.

Nach dieser Veranstaltung im Arbeiterkammersaal, bei der auch der Treffpunkt bekanntgegeben worden war, kamen viele Frauen zum nächsten Frauenhaustreffen. Auf die Dauer blieben jedoch nur wenige davon übrig. Nach dieser Veranstaltung begann die konkrete

Arbeit. Die Kerngruppe hat sich seit diesem Zeitpunkt kaum verändert. Es kamen immer wieder einzelne neue Frauen zu den Sitzungen, allerdings nur unregelmäßig.

Die Inititivgruppe

Dadurch, daß die Gruppenmitglieder seit März 1980 nicht mehr ständig wechselten, wurden sie besser miteinander vertraut. Sie fühlten sich immer mehr als Gruppe. Durch die gemeinsame Arbeit lernten sie den persönlichen Hintergrund jeder Frau kennen. Zu den Treffen zu gehen bedeutete, ganz bestimmte Frauen zu sehen – sie konnten feststellen, daß sie gerne miteinander arbeiteten. Bei einem ORF-Interview im April 1980 deklarierten sie sich dann auch erstmals in der Öffentlichkeit als Gruppe.

Gruppenmerkmale

Die Mitglieder der Gruppe kamen nicht alle aus Sozialberufen. Neben Studentinnen arbeiteten eine Arzthelferin, eine Juristin, eine med.-techn. Assistentin, eine Krankenschwester, eine Buchhalterin, eine Sekretärin, eine Verkäuferin, eine Psychologin, eine Historikerin, eine Hausfrau und zwei Sozialarbeiterinnen mit.

Die Motivation zur Mitarbeit am Frauenhausprojekt entsprang vor allem dem Bedürfnis, sich für etwas Konkretes einsetzen zu wollen, und aus persönlicher Betroffenheit. Die Frauen der Gruppe selbst wurden zwar nicht physisch mißhandelt, fühlten sich aber ständig mit männlicher Gewalt konfrontiert. In Gesprächen wurde ihnen auch bewußt, daß jede von uns – zum Teil verdrängt – ein traumatisches Erlebnis im Zusammenhang mit männlicher Gewalt in ihrer Vergangenheit hatte.

Die Altersstreuung war, ebenso wie das Berufsspektrum, untypisch für eine Initiativgruppe. Die jüngste Frau war zwanzig, die älteste Frau dreiundsechzig Jahre alt. Diese Altersdifferenz wurde von den einzelnen Gruppenmitgliedern unterschiedlich wahrgenommen und beurteilt. Im nachhinein gesehen hat sich diese Streuung sehr positiv auf die Gruppe und die Projektarbeit ausgewirkt.

Da alle Frauen, unabhängig von Parteizugehörigkeiten, vor allem aus persönlichem Interesse und Betroffenheit in der Gruppe mitarbeiteten, war die politische Einstellung lange Zeit Nebensache. Sie wußten zwar von der Parteinähe bzw. Mitgliedschaft einiger Frauen (bei KPÖ, ÖVP, SPÖ, VSStÖ), doch keine dieser Frauen sah sich als

Vertreterin einer Fraktion oder Partei. Da die Gruppe sich als unabhängiger Verein verstand und für sie ihre Autonomie sowie die Autonomie des Frauenhauses ein grundlegendes Anliegen war, hat sie den politischen Einfluß verschiedener Parteien erst diskutiert, als sie nach einem Jahr ihrer Tätigkeit selbst zu einem politischen Machtfaktor wurde. Trotzdem oder besser gerade deswegen sind die Kriterien für eine Mitarbeit in der Gruppe nach wie vor: Interesse an der Sache, die Bereitschaft, aktiv mitzuarbeiten, sich in einen Entwicklungsprozß sowohl auf inhaltlicher als auch auf persönlicher Ebene einzulassen und die Bereitschaft, sich an demokratische Spielregeln und einmal getroffene Gruppenentscheidungen zu halten.

Aktivitäten und konkrete Arbeit

Anhand von Konzepten anderer Frauenhäuser und durch die Kontaktaufnahme zu bestehenden Frauenhäusern und Initiativgruppen in Österreich und in der BRD diskutierte und entwickelte die Gruppe ihr Frauenhauskonzept. Dieses Konzept veränderte sich im Laufe der Zeit immer wieder. Mit einem Anfangskonzeptentwurf begannen die ersten mühsamen Verhandlungen mit den Politikern.

Ein wichtiger Grundsatz, der sich auch in den zähen Verhandlungen auswirkte, war, daß Frauen, die im Frauenhaus arbeiten, für ihre Arbeit entsprechend bezahlt werden sollten. Sie wollten nicht in die traditionelle Rolle der Frauen (als karitative und selbstlose Wesen, die durch eine solche nebenberufliche Arbeit wieder doppelt und dreifach belastet sind) gedrängt werden.

Neben den schwierigen Finanzierungsverhandlungen war und ist die Wohnungs- bzw. Haussuche eine wichtige und zeitaufwendige Arbeit. Annoncen in der „Tiroler Tageszeitung" wurden aufgegeben, durch private Vermittlung wurde versucht, ein geeignetes Objekt aufzustöbern. Erkundigungen bei Maklerbüros wurden eingeholt, und man versuchte, durch systematisches Durchforsten der Grundbuchlisten ein passendes Objekt zu finden. Die Frauen teilten sich Stadtteile und Straßenzüge zu, die abgefahren wurden und auf leerstehende Wohnungen und Häuser inspiziert wurden. Diese Arbeit wurde allerdings nur zum Teil konsequent durchgeführt.

Das Problem bei der Auskundschaftung eines eventuell geeigneten Objektes war folgendes: Wie sollte man gegenüber dem Vermieter bzw. dem Verkäufer auftreten? Es gab noch keine konkrete Subventionszusage, weshalb kein fixer Termin für den Ankauf bzw. den Mietsbeginn zugesagt werden konnte. Das Auftreten war daher eher vorsichtig. Zu diesem Zeitpunkt hatten die Frauen auch noch die Illusion, daß sie ein geeignetes Objekt aus dem Besitz der Stadt zur Verfügung gestellt bekommen würden − daher auch die Durchsicht des Grundbuches.

Bei allen diesen Bemühungen wurde der Initiativgruppe klar, daß sie so schnell wie möglich einen Verein gründen mußte, um als Verhandlungspartner auftreten zu können. So arbeiteten die Frauen in Anlehnung an andere Frauenhausvereinsstatuten ihre eigenen Statuten aus. Der wichtigste Punkt war die Formulierung und Absicherung ihrer Autonomie. Da sie von der Vorstellung ausgingen, daß Vereinsmitgliedschaft nur durch aktive Mitarbeit möglich ist, nahmen sie von der Möglichkeit, ein Gremium für honorige Mitglieder zu schaffen, vorerst Abstand. Erst viel später wurde es durch das steigende Interesse der Parteien notwendig, einen Beirat in die Vereinstatuten aufzunehmen und so die formelle Mitgliedschaft ohne aktive Mitarbeit zu ermöglichen. Der Beirat ist allerdings nicht stimmberechtigt.

Die erste Vereinsversammlung und die Vorstandswahl fanden im Oktober 1980 statt. Die fünf Vorstandsfrauen sollten aus vereinsrechtlichen Gründen pro forma gewählt werden, aber sonst weder mehr Rechte noch mehr Pflichten als andere Vereinsmitglieder haben. Die Wichtigkeit des Vorstandes und der Frage, welche Frauen als Vorstandsmitglieder galten, wurde der Gruppe erst im Februar 1981 bewußt.

Präsentationsphase − Beginn des politischen Karussels

Nachdem die Gruppe ihr Frauenhauskonzept ausgearbeitet hatte, sprach sie mit diesem Konzept bei den Politikern vor, die an der Veranstaltung im Arbeiterkammersaal teilgenommen hatten. Landesrat Dr. Greiderer, der sie damals aufgefordert hatte, mit genauen Unterlagen zu ihm zu kommen, schob bei diesem Gesprächen die primäre Kompetenz in dieser Frage der Stadt zu − diese müsse den ersten Schritt tun. Außerdem habe er als Vertreter der Minderheitspartei im Landtag gegenüber der ÖVP kaum eine Chance, einen entsprechenden Antrag durchzubringen. Stadtrat Dr. Kummer hingegen unterstrich bei einem Gespräch die Zuständigkeit des Landes für ein derartiges Projekt.

47

Keine Partei wollte sich zu diesem Zeitpunkt für einen autonomen Verein, der für die Errichtung eines Frauenhauses eintrat, einsetzen. Durch das Abschieben des ersten Schrittes in dieser Angelegenheit – von der Stadt auf das Land und umgekehrt bzw. von der ÖVP auf die SPÖ und umgekehrt – waren die Verhandlungen blokkiert. Die Frauen dachten daher daran, alle zuständigen Politiker zu einem gemeinsamen Gespräch einzuladen. Da sie jedoch sehr bald zu der Einsicht gelangten, daß dieses Vorhaben an der mangelnden Bereitschaft der Politiker scheitern würde, beschlossen sie, nach jedem Gespräch ein Protokoll an den jeweils anderen Politiker zu schicken. Bei all diesen Gesprächen wurde von seiten der Tiroler ÖVP die Notwendigkeit eines Frauenhauses immer wieder in Frage gestellt, wahrscheinlich aus Solidarität mit Frau Gföller.

Im November 1980 machte Stadtrat Steidl vom Tiroler Arbeitsbund in einer Gemeinderatssitzung eine Anfrage, ob die Stadt die Errichtung eines Frauenhauses fördern und dazu mit der Initiativgruppe zusammenarbeiten werde. Gerüchten zufolge soll Bürgermeister Dr. Lugger mit dem Satz: „Dös brauch ma net!" reagiert haben. Daraufhin schriftlich befragt, teilte Bürgermeister Lugger mit, es handle sich dabei um eine „böswillige Entstellung". Auch er habe „in dieser Frage eine durchaus positive Einstellung".

Um auch anderen Politikern das Anliegen näherzubringen, sprach die Initiativgruppe – rechtzeitig vor der Sozialausschußsitzung – auf Stadtebene mit Stadtrat Meisinger von der SPÖ und führten in Ermangelung eines Termins ein Telefongespräch mit Herrn Abendstein von der Arbeiterkammer (ÖVP).

Haltung der Frauen aus politischen Gruppierungen

Frauen der SPÖ: Frau Staatssekretär Dohnal war von Beginn an auf seiten der Gruppe. Bei der Diskussion im März 1980 in der Arbeiterkammer wies sie darauf hin, daß sie nur ideell unterstützen könne, da die Finanzierung eines Frauenhauses nicht Bundessache ist. Trotzdem gab ihre Solidarität das Gefühl, in einer totalen finanziellen Misere nicht ganz in der Luft hängen zu müssen, was gerade zum Zeitpunkt der Ablehnung des Subventionsansuchens durch den Tiroler Landtag wichtig für die Initiativgruppe war. Durch ihre klare Haltung in bezug auf Frauenhäuser beeinflußte Frau Dohnal sicherlich die Tiroler SPÖ-Politiker dahingehend, daß diese die prinzipielle Notwendigkeit eines Frauenhauses in Tirol zumindest nicht offiziell in Frage stellten. Die Tiroler SPÖ-Frauen stellten sich nie gegen diese Vorstellungen und Forderungen, es setzte sich jedoch auch keine im Rahmen ihrer Tätigkeit dafür ein.

Von einem Gespräch mit Frau Gemeinderätin Mag. Schuster (Arbeiterkammer) erhofften die Frauen vergeblich ein Eintreten von ihrer Seite für das Frauenhausprojekt im Sozialausschuß des Gemeinderates. Auch die Kontaktaufnahme mit Frau Bundesrätin Brunner verlief ohne positive Nachwirkungen für den Fortschritt des Projektes. Sie unterstützt unseren Verein jedoch seit März 1981 finanziell aus persönlichen Mitteln.

Zwei Frauen aus der Jungen Generation der SPÖ standen seit Herbst 1980 mit der Initiativgruppe in Verbindung. Sie bemühten sich um einige Gesprächstermine bei Parteigenossen und versuchten parteiintern, genauso wie Frau Dohnal, immer mehr Genossen für ein Frauenhaus zu gewinnen. Ein Flugblatt, das sie im Dezember herausgaben, bewirkte eine erste Diskussion in der Gruppe über Bedeutung und Konsequenzen der Forderung nach Parteiunabhängigkeit: In diesem Flugblatt forderte die JG ein Frauenhaus für Tirol, erklärte sich solidarisch, benutzte das aber gleichzeitig als Agitationsmittel gegen die ÖVP, die für das Scheitern der Budgetverhandlungen im Landtag verantwortlich gemacht wurde.

Nachdem im März 1981 die ÖVP-Frauenbewegung Parteiwerbung auf Kosten der Gruppe gemacht hatte (s. u.), schien das Interesse der Frauen der Jungen Generation der SPÖ erloschen zu sein, obwohl in dieser für die Gruppe schwierigen Situation Solidarität sehr notwendig gewesen wäre.

Frauen der ÖVP: Frau Dr. Eva Bassetti hat die Arbeit beinahe von Beginn an mit Interesse verfolgt. Eine Frau aus der Gruppe, die später auch in den Vorstand gewählt wurde, ist mit Frau Dr. Bassetti persönlich befreundet. Frau Bassetti war daher immer über den aktuellen Stand unserer Arbeit informiert. Einigen Gruppenmitgliedern war lange Zeit nicht einmal klar, daß Frau Dr. Bassetti Mitglied der ÖVP-Frauenbewegung ist. Informationen und Reaktionen von ihrer Seite wurden somit auch nicht politisch, sondern rein freundschaftlich eingeschätzt. Die politische Dimension dieser Freundschaft wurde erst später klar.

Frau Bassetti organisierte auch im Herbst 1980 ein Treffen mit Frau Giner. Als einzige weibliche (ÖVP-) Abgeordnete im Landtag sollte sie von der Notwendigkeit eines Frauenhauses überzeugt werden und sich im Sozialausschuß dafür einsetzen. Dieses Treffen sollte nur informellen Charakter haben. So waren aus der Gruppe nur zwei Frauen anwesend und außer Frau Giner und Frau Dr. Bassetti noch eine weitere Frau aus der ÖVP-Frauenbewegung. Von der Notwendigkeit eines Frauenhauses konnten sie Frau Giner damals noch nicht überzeugen. Wie später mitgeteilt wurde, sei Frau Giner im Sozialausschuß 1980 gegen das Projekt aufgetreten. Erst nachdem die ganze ÖVP-Frauenbewegung vom Gföller-Projekt abgelassen hatte, stellte sich Frau Giner nicht mehr dagegen.

Konkrete Verhandlungen

Nachdem die Gruppe ein leerstehendes Haus im Eigentum der Stadt, das für ihre Zwecke sehr geeignet gewesen wäre, ausfindig gemacht hatte, verhandelten die Frauen mit dem dafür zuständigen Stadtrat Niescher. Zuerst wurde ihnen gesagt, dieses Haus sei bereits verkauft. Es stand jedoch nach wie vor leer und wurde weiterhin zum Verkauf angeboten. Den Frauen wurde klar, daß die Stadt nicht bereit war, ein Objekt an sie zu vergeben. Somit waren sie wieder auf den freien Wohnungsmarkt angewiesen.

Im Herbst 1981 konnten sie ein Haus, das zum Verkauf angeboten wurde, ausfindig machen. Sie arbeiteten Adaptierungspläne aus und formulierten im Dezember 1980 einen Antrag für den Landtag auf Hausankauf und Subvention für den Betrieb. Diesen Antrag reichten sie beim Sozialreferenten Landesrat Dr. Greiderer und beim Finanzreferenten Landesrat Dr. Bassetti ein. Beide stellten zumindest einen Budgetansatz in Aussicht. Somit sahen sie dem Landtagsbeschluß optimistisch entgegen. In den Landtagssitzungen des Tiroler Landtages wurde das Frauenhaus aber mit keinem Wort erwähnt, und natürlich wurde auch keine Subvention dafür bewilligt. Landesrat Dr. Greiderer teilte schriftlich mit: „Leider hat sich die Mehrheitsfraktion meinem Wunsch, im Budget wenigstens einen Ansatz zur Realisierung dieses Vorhabens zu schaffen, nicht angeschlossen. In der Diskussion wurde der Meinung Ausdruck verliehen, daß dieses Problem noch zu wenig abgeklärt sei, daß man aber gerne bereit sei, zu einem späteren Zeitpunkt darüber zu verhandeln…"

Präsentation mit reduziertem Anspruch

Die Frauen ließen sich durch diese Entscheidung nicht entmutigen. Sie wollten weitermachen, wenn auch in kleinerem Rahmen,

d. h. mit einer kleineren Wohnung und vorerst unter Umständen ohne fest angestellte Mitarbeiterinnen. Drei Frauen aus der Initiativgruppe erklärten sich bereit, im Notfall für eine Monatsmiete aus privaten Mitteln aufzukommen.

Im Jänner 1981 verschickten sie an alle Banken, große Firmen, Rechtsanwältinnen und Ärztinnen einen Brief mit der Bitte um eine Spende. Eine Information trieb die Bemühungen voran: ÖVP-Bundesrätin Rosa Gföller würde im September 1981 ihre Wohnung für Frauen und Männer in Not eröffnen. Nach der Realisierung dieses Projekts wäre die Chance, jemals subventioniert zu werden, minimal gewesen.

Die Frauen suchten nun intensiv nach einer Wohnung auf Mietbasis. Der Ankauf eines Hauses oder einer Wohnung wurde aus der finanziellen Situation heraus nicht mehr in Betracht gezogen. Im Februar 1981 fanden sie ein geeignetes Objekt, eine 400 m² große Wohnung, die allerdings nicht im Sinne des „kleineren Rahmens" war. So sprachen sie erneut mit Landesrat Dr. Greiderer, und dieser stellte eine Übernahme der Mietkosten durch das Land in Aussicht.

Durch die Spendenbriefe tröpfelte langsam Geld auf das Konto. All das machte so zuversichtlich, daß die Grupe bei einer Veranstaltung zum „Internationalen Frauentag" im März 1981 bekanntgab, die Eröffnung des Frauenhauses sei für den Frühsommer 1981 geplant. Damit wollten die Frauen auch Frau Gföller mit der Publizierung ihres Projektes zuvorkommen.

Initiativgruppe wird interessant

Im Februar 1981 begann das Buhlen der beiden großen Parteien um die Gruppe. Im nachhinein glauben die Frauen, daß es unmittelbar im Zusammenhang mit dem „Frauenforum" der Bundesregierung am 14. März 1981 – das von Frau Staatssekretär Dohnal initiiert wurde – stand, daß sie für die Parteien interessant wurden. Auch die Aussicht auf die bereits erwähnte Wohnung auf Mietbasis und die damit reduzierten Kosten werden wohl das zunehmende Interesse der Parteien mitbestimmt haben.

Verhalten der SPÖ: LR Dr. Greiderer stellte eine Übernahme der Mietkosten in Aussicht. Beim Parteitag der SPÖ Tirol wurde ein Antrag der Sozialistischen Gewerkschafter bezüglich eines Frauenhauses für Tirol angenommen. Die beiden Frauen der Jungen Generation, die schon zuvor Interesse an dem Projekt gezeigt hatten, sprachen mit Herrn Kaufmann von der Gewerkschaft, und dieser konnte sich eine Subvention von Seiten der Gewerkschaft in der Höhe von 120.000 S vorstellen. Die Junge Generation gab – wie bereits erwähnt – ein Flugblatt heraus, indem sie sich solidarisch erklärte und für die Errichtung eines Frauenhauses eintrat.

Auswirkungen auf die Gruppe: Dieses Flugblatt der JG führte zu einer Grundsatzdiskussion in der Gruppe über die Bedeutung und die Konsequenzen der allseits akzeptierten Forderung nach Parteiunabhängigkeit. Einige Gruppenmitglieder fühlten sich für eine politische Agitation gegen die ÖVP benützt. Nach einer Debatte mit den Vertreterinnen der JG kamen sie überein, daß Veröffentlichungen über das Projekt ihnen fairerweise zur Kenntnis gebracht werden sollten, daß sie die Unterstützung ansonsten aber dringend benötigten und daher auch begrüßten.

Verhalten der ÖVP und der Katholischen Frauenbewegung: Im Februar 1981 sprach eine Frau aus der Initiative, ohne die Gruppe vorher zu informieren, gemeinsam mit Frau Kerer von der Katholischen Frauenbewegung beim Probst der Dompfarre Innsbruck vor. Dieser zog daraufhin eine Subvention in der Höhe von 160.000 S via Katholischer Frauenbewegung in Erwägung.

Am 10. März, vier Tage nach der Veranstaltung zum „Internationalen Frauentag", bei der die Eröffnung des Frauenhauses für den Frühsommer dieses Jahres angekündigt wurde, und vier Tage vor dem „Frauenforum", erfuhr die Gruppe aus den Medien, daß die ÖVP-Frauenbewegung am 9. März eine Pressekonferenz gegeben hatte, bei der ohne ihr Wissen die Frauenhausinitiative (die Idee des Projektes und die bisher geleistete Arbeit) quasi als ÖVP-Verdienst hingestellt wurde. Sie wurde plötzlich in einem Atemzug mit politisch klar zuordbaren Verbänden wie der ÖVP-Frauenbewegung, der Katholischen Frauenbewegung, dem Katholischen Familienverband, dem Tiroler Familienbund und dem Verein „Rettet das Leben" genannt und – überspitzt ausgedrückt – als deren Schöpfung hingestellt. Das Frauenhaus wurde in einer Zeitschrift sogar als prophylaktische Einrichtung gegen den Schwangerschaftsabbruch propagiert. Auch ein ÖVP-nahes Erholungsheim im Unterland Tirols wurde mit dem Frauenhaus in Zusammenhang gebracht.

Aus diesen Pressemeldungen erfuhr die Gruppe auch, daß das Frauenhausprojekt mit Landesmitteln und Geldern der Kirche subventioniert würde. Dies alles, nachdem das Subventionsansuchen zum Ankauf eines Hauses und zur Betriebskostenfinanzierung drei Monate vorher im Landtag an der ÖVP-Mehrheit gescheitert war. Innerparteilich hatte anscheinend in diesen drei Monaten ein Umschwung vom Gföller-Projekt zu einem Frauenhaus unter „autonomer Leitung" eingesetzt.

Auswirkungen auf die Gruppe: Zur Empörung kam die Angst, daß die ÖVP-Frauen die Leitung des Frauenhauses übernehmen und die Gruppe die ehrenamtliche Arbeit machen lassen würden. Eine Belastung für die Gruppe war auch der Umstand, daß eines ihrer Mitglieder persönliche Kontakte zu Frau Dr. Bassetti, der Hauptfigur auf der ÖVP-Pressekonferenz, unterhielt. Die folgenden harten Auseinandersetzungen in der Gruppe drohten zu einer Spaltung zu führen. Daß die Gruppe weiterbestand, kann als Beweis für ihre Tragfähigkeit und Qualität gelten.

Zwei Frauen der Initiative gingen noch vor dem „Frauenforum" zu Landesrat Dr. Bassetti, dem Finanzreferenten des Landes, um die durch die Presse zugesicherten Subventionen schriftlich zu fixieren. Da Gegendarstellungen bezüglich der erwähnten Pressekonferenz in der bürgerlichen Presse nicht veröffentlicht wurden, versuchten wir durch ein Flugblatt unter dem Motto „Was nicht in den Zeitungen stand", den Sachverhalt richtigzustellen. Beim „Frauenforum" gab eine Vertreterin der Gruppe zu Beginn der Diskussion eine Stellungnahme ab. In dieser betonte sie, daß die Gruppe ein parteilich und konfessionell ungebundener Verein sei, sich durch die Vorgangsweise der ÖVP-Frauen überrollt fühle, sich aber trotzdem über die Subvention freue. Es sei ihr zwar als Verein „Tiroler Initiative Frauenhaus" gelungen, sich von der „schwesterlichen Umarmung der ÖVP-Frauen, ... die uns fast zu ersticken drohte ..." (aus der offiziellen Stellungsnahme) frei zu machen; dennoch hätte sie die publizistische Vermarktung des Projektes als ÖVP-Erfolg nicht verhindern können.

Projektstand Mai 1981

Am 27. Mai 1981 wurde die Subvention für das Frauenhaus an den Verein in der Höhe von S 500.000,– (für Miete, Betriebskosten und die Kosten für eine Mitarbeiterin) im Landtag genehmigt. Nach dem „Frauenforum" hatte die Gruppe sofort Kontakt mit den katholischen Frauen aufgenommen, um sich der via Presse von ihrer Seite gemachten Subventionszusagen zu versichern. Nach einem ausführlichen Gespräch erklärten sich die katholischen Frauen mit dem Konzept einverstanden und sagten eine Subvention in der Höhe von S 200.000 für das Gehalt einer weiteren Mitarbeiterin zu. Alle Subventionen sollten an den Verein gehen, dieser sollte die Mitarbeiterinnen anstellen und eine Wohnung mieten. Der Verein stand auch wieder mit der Arbeiterkammer und der Stadt in Verhandlung und hoffte auf weitere Subventionen, um eventuell noch eine Mitarbeiterin bezahlen zu können.

Nachdem also im Mai 1981 ein Teil der Finanzierung gesichert werden konnte, zog der Vermieter der in Aussicht stehenden Wohnung seine Zusage zurück. Somit war das dringendste Anliegen wieder einmal, eine geeignete Wohnung zu finden. Für die Einrichtung (Möbel, Küchenutensilien, etc.) und einen eventuellen Umbau war im Moment keinerlei Geld zur Verfügung, d. h. daß dies in Eigeninitiative und mit Hilfe von Sachspenden verwirklicht hätte werden müssen.

Endlich konnte jedoch ein ehemaliger Gasthof in der Nähe von Innsbruck gefunden werden.

Da die Subventionen gesichert waren, konnte die Gruppe am 16. Dezember 1981 mit dem Betrieb beginnen. Zunächst waren alle Frauenorganisationen, auch die ÖVP-Frauen und die Katholische Frauenbewegung, in der Initiative tätig. Im Sommer 1982 verließen jedoch die katholischen Frauen und die ÖVP-Frauen die Initiative und gründeten ein Konkurrenzunternehmen, das jedoch weder von den Bewohnerinnen noch vom sonstigen Konzept her einem Frauenhaus entspricht.

Anmerkung

Dieser Bericht ist dem unveröffentlichten Forschungsbericht von Leirer, I. u. a.: *Frauenhaussituation in Österreich*, Jubiläumsfondsprojekt der Österreichischen Nationalbank 1742/1984, entnommen.

Irmtraut Karlsson

METHODEN
DER SOZIALARBEIT

Der Versuch, Frauenhausarbeit von der bürokratischen Sozialarbeit öffentlicher Institutionen abzugrenzen, bezieht sich im folgenden weniger auf die Arbeitsfelder traditioneller Sozialarbeit und die damit verbundenen unterschiedlichen Strategien der Durchführung (beispielsweise Case-work, Gruppenarbeit, Familientherapie), sondern berührt vorrangig die Organisation und Funktion der Sozialarbeit im allgemeinen sowie Grundprinzipien und Grundbegriffe wie etwa „Klient", „Beziehungsarbeit" etc. als ideologische Grundlage der Zielperspektiven der Sozialarbeit und Sozialpolitik.

Frauenarbeit ist *nicht* ein Projekt, das aus dem Rahmen administrativer Sozialarbeit hervorgegangen ist, denn Frauenhausprojekte und -initiativen sind feministische Projekte, und aus feministischer Sicht ist auch die traditionelle Sozialarbeit zu durchleuchten und zu kritisieren.

Sozialarbeit und „Familienarbeit" haben gemeinsam, daß sie von Frauen geleistet werden: im Bereich der Familie ausschließlich, im Bereich der Sozialarbeit vorwiegend. Das heißt, in der Sozialarbeit treffen Frauen als Klientinnen und Betreuerinnen zusammen. Aufgrund der gleichen Strukturen geschlechtsspezifischer Arbeitsteilung sind die Sozialarbeiterinnen in ihrem Beruf gelandet, aufgrund derer ihre Klientinnen bei der „Fürsorge" gelandet sind. Beiden Seiten ist ein bestimmter Rahmen weiblichen Lebenszusammenhanges gemeinsam.

Die weibliche Sozialarbeit entwickelte sich, als um die Mitte des vergangenen Jahrhunderts ein bürgerliches Mütterlichkeitsideal entstand, das nicht nur auf die Familie beschränkt bleiben, sondern gesamtgesellschaftlich durch die Armenpflege zum Tragen kommen sollte. Ein weiterer Grund lag im zunehmenden Funktionsverlust und der damit verbundenen Senkung der politischen Bedeutung der Armenpflege, ein Umstand, der dahin führte, daß sich die Männer aus der Armenpflege zurückzogen. Den Frauen aber schien diese

Aufgabe noch attraktiv genug, da von ihr eine gewisse öffentlich ge-
stützte Autorität ausging. Außerdem bemühten sie sich, der Ab-
nahme des Ansehens der Position des Armenpflegers entgegenzuwirken, indem sie ihr die Merkmale eines professionellen Status zu geben versuchten. Während die Reproduktion von Arbeitskraft von Frauen im Rahmen der Institution Familie als scheinbar private Dienstleistung,
„aus Liebe". unentgeltlich verrichtet wird, wird die Beziehungsarbeit von Frauen in der Sozialarbeit öffentlich und bezahlt geleistet
mit der Zielsetzung, die Familie als intakte Organisationseinheit im
Rahmen sanktionierter Normen wiederherzustellen. In dieser Funk-
tionsbestimmung liegt auch die Ursache dafür, daß die Vergesell-
schaftung und Professionalisierung von Reproduktionsarbeit die
Frauen in zwei Lager gespalten hat. Denn „die professionelle
Frauenarbeit beginnt dort, wo die private Frauenarbeit nicht aus-
reicht, versagt oder ihre Aufgaben nicht mehr erfüllen kann."[1]

Die soziale Kontrolle, die Frauen hierbei über Frauen ausüben,
erzeugt in vielerlei Hinsicht ein Spannungsverhältnis: die Sozialarbeiterinnen sind oft die „Polizistinnen gegenüber Müttern", sie verfügen über eine bestimmte, sonst unsichtbare Versorgungsmacht denen gegenüber, „die sie bearbeiten, verwalten, eventuell sogar zu
empanzipieren versuchen".[2]

Ein weiterer Grund für das Spannungsverhältnis in der Beziehung zwischen den Professionellen und den Müttern, Ehe/Haus-
frauen ist der, daß Frauen im privaten Bereich aufgrund des gesellschaftlichen Professionalisierungstrends eine starke Abwertung ihrer
Kompetenzen erfahren haben: „Die gesellschaftliche Diskriminie-
rung der Erziehungskompetenzen bewirkt ein sehr geringes Selbst-
bewußtsein und Selbstwertgefühl. Die professionelle Qualifizierung
der „Fachbasis" wirkt daher oft einschüchternd und behindert eine
offene Kommunikation. Mütter haben das Gefühl, die Erzieherin,
die Lehrerin ist ausgebildet, sie ist perfekt, sie macht keine Fehler.
Sie spielen damit einerseits ihre eigenen Fähigkeiten herunter bzw.
ihre eigenen Unsicherheiten und Ängste in der Erziehung hoch, stellen zum anderen aber auch enorme Ansprüche an die „gelernte Päd-
agogin".[3]

Ein weiterer wesentlicher Faktor, der eine offene Kommunikation zwischen Sozialarbeiterin und Klientin behindert, ist das Postulat der professionellen Distanz, die die klassische Sozialarbeit vor-

schreibt. Die Forderung, professionelle „Gefühlsarbeiterinnen" dürfen nicht emotional reagieren, müssen sich heraushalten, sollen sich auf die Probleme ihrer Klientinnen niemals emotional einlassen, dürfen sich nicht persönlich einbringen, widerspricht dem Prinzip der Betroffenheit, wie es für die Mitarbeiterinnen des Frauenhauses gilt, das Grundvoraussetzung für unser Verständnis, unser Engagement in der Arbeit mit den mißhandelten Frauen ist.

Wir haben aufzuzeigen versucht, daß immer dann, wenn Frauen ihre Rolle als Mutter und Haus/Ehefrau nicht erfüllen bzw. verweigern und damit das Familiensystem gefährden, die Sozialarbeit auf den Plan tritt und ihre Form von Beziehungsarbeit leistet. Die Frauen landen entweder bei der Fürsorge oder aber in der Psychiatrie, werden Alkoholikerinnen. Ist die „soziale Auffälligkeit" nicht gegeben, versuchen die Frauen meist, ihre Probleme individuell verweigernd, zurückgezogen und resignierend zu bewältigen. Ihre körperlichen und psychischen Erkrankungen sind nur ein Beispiel dafür.[4]

Wenn aber Sozialarbeit als staatlich institutionalisierte Reproduktionsarbeit dort einsetzt, wo die Frau ihrer psychischen und physischen Sorge für die Kinder, den Ehegatten nicht mehr nachkommt bzw. den Erwerbstätigen nicht mehr in ausreichendem Maße die Bedingungen ihrer materiellen und psychischen Reproduktion bereitstellt, die sie als Ausgleich für Zwänge der Leistungsgesellschaft benötigen, so geht es primär um die Aufrechterhaltung und Stabilisierung eines Status quo. Verkannt wird, daß „Nicht-funktionieren" auch heißt, die Bedingungen, die an die Funktionsfähigkeit, an die Rollenzwänge der Frauen gestellt sind, nicht mehr zu akzeptieren, sondern zu verweigern.

„Das gesellschaftliche Konfliktpotential, das in den aufgezwungenen Bedingungen der weiblichen Rolle steckt, unter denen die unbezahlte, diskriminierte, isolierte Hausarbeit zu leisten ist, wird in Schach gehalten. Der Zeitzünder wird entschärft, indem andere Frauen die gleiche Arbeit als Beruf mit Aufstiegschancen, Gehalt und allen Vorteilen einer Angestelltenexistenz wählen können … Sie dürfen als selbständige, berufstätige, moderne Frauen dafür sorgen, daß die anderen, unselbständigen, nicht verdienenden, rückständigen Frauen weiterhin arbeitsfähig bleiben und ihre Minderwertigkeitsgefühle behalten."[5]

Die Versorgungsmacht der Frauen in der Sozialarbeit hat jedoch dort ihre Grenzen, wo sie einer Macht gegenüberstehen, die ihre eigenen Hierarchien bestimmt. Außer Frage steht, daß eine patriarchalische Gesellschaft kein Interesse haben kann, sozialpolitische Arbeit, die an den Widersprüchen der Gesellschaft ansetzt, zu unterstützen und daher stets bemüht sein wird, diese aufzusaugen, zu integrieren. Daß gerade autonome Projekte ständig dieser Gefahr ausgesetzt sind, erfordert die permanente Reflexion oben genannten Sachverhaltes.

Traditionelle Prinzipien der Sozialarbeit

Die von Friedländer in seinem Werk „Grundbegriffe und Methoden der Sozialarbeit", das für die Ausbildung der angehenden Sozialarbeiter und für die traditionelle Praxis der Sozialarbeit nach wie vor maßgebend ist, aufgestellten Prinzipien sozialer Arbeit sind in den Sozialhilfegesetzen (vgl. WSHG § 1 – § 5) direkt oder indirekt verankert und kennzeichnen den ideologischen Hintergrund staatlicher Sozialarbeit.

An oberster Stelle rangiert für Friedländer das Prinzip vom „immanenten Wert, der Integrität und der Würde des Individuums".[6] Wie es um die Würde und Integrität der Frauen bestellt ist, belegen die Schlagzeilen über mißhandelte Frauen, die Darstellung der Frau in den Medien und anderes mehr. Alltägliche Frauenverachtung erfahren wir auf der Straße, im Beruf, den Medien, der Gynäkologie und Psychiatrie. Daß sich die Ehe für viele Frauen als Entmündigungsinstitution erwiesen hat, belegen die Protokolle einer Wiener Eheberatungsstelle, die von den beiden Soziologinnen Benard und Schlaffer für ihre Untersuchung „Gewalt in der Ehe" (1978) ausgewertet wurden.

Zwei Beispiele aus den Protokollen:
„Frau H., 65, will wissen, ob sie Verwandte, besonders Enkelkinder, besuchen darf, oder ob das eine Eheverfehlung wäre." „Frau B., 23, erkundigt sich auf kindliche Weise, ob sie ebenso wie ihr Gatte weggehen darf, oder ob sie sich strafbar macht."[7]

Die Würde und Integrität der Frauen ist solange nicht gewährleistet, solange Frauenfeindlichkeit und Minderbewertung der Frauen an der gesellschaftlichen Tagesordnung stehen und die geschlechtsspezifische Arbeitsteilung das Machtverhältnis zwischen den Ge-

schlechtern begründet, welches sich in der Gewalt gegen Frauen aus-
drückt und verfestigt. Jeder Übergriff auf die körperliche, soziale
und psychische Integrität der Frau ist ein Akt der Gewalt, angefangen bei sexuellen Belästigungen auf der Straße bis zu seelischen und
körperlichen Mißhandlungen.

Als Entmündigung erleben beispielsweise ledige Mütter auch
Akte der „Fürsorge": wenn sie die Wohnverhältnisse überprüft, den
Wäschekasten kontrolliert, sie die „Mütterlichkeit" unter Beweis
stellen läßt.

Mißhandelte Frauen, die sich entschließen, ihre Ehegemein-
schaft aufzugeben, müssen oft einen sozialen Abstieg hinnehmen, besonders dann, wenn sie völlig vom Geld des Mannes abhängig waren,
was die Regel und nicht die Ausnahme ist. Als „Nur-Hausfrauen"
können sie ihre Kinder und sich selbst vorerst gar nicht erhalten und
werden zu Sozialhilfeempfängerinnen. Das Gesetz garantiert ihnen
zwar das Recht auf Unterstützung zur Sicherung der minimalsten Le-
bensbedürfnisse, die Art der Gewährung erinnert aber eher an die
Vergabe von Almosen. Auch haben Frauen keinen Einfluß darauf,
wie lange ihnen Sozialhilfe gewährt wird. Sind die Kinder einmal im
Kindergarten untergebracht, wird die Frau gedrängt, sich eine Arbeit
zu suchen. Ihre meist schlechte bis gar nicht vorhandene Ausbildung,
das jahrelange Pausieren aufgrund von Ehe und Kindern, der
schlechte Arbeitsmarkt für Frauen führen unweigerlich dazu, daß sie
bei der Arbeitssuche nicht wählerisch sein darf und sich oft mit min-
derwertigen, schlecht bezahlten Hilfsarbeien zufrieden geben muß.
Die in den typischen Frauenberufen oft geringe Bezahlung liegt
meist nur wenig über der staatlichen Sozialhilfe.

Dieser Sachverhalt berührt bereits den zweiten Grundsatz, welcher „die Überzeugung, daß der einzelne, der in wirtschaftlicher, persönlicher oder sozialer Notlage ist, das Recht hat, selbst zu bestimmen, welches seine Bedürfnisse sind und wie sie befriedigt werden
sollen" beinhaltet.[8] Das Recht auf freie Entscheidung können
Frauen in ehelichen bzw. eheähnlichen Beziehungen (und nicht nur
dort), kaum verwirklichen, wenn sie der physischen und/oder psychischen Gewaltausübung durch den Partner ausgesetzt sind.

Eine Bedingung dafür wäre, daß sich die Frau zunächst einmal
dazu entschließt, sich vom Mißhandler zu trennen. Eine einfach klin-
gende Forderung, gäbe es nicht ideologische und materielle Barrieren, die diese Trennungsabsichten oft zunichte machen. Räumliche

Unterkunft und finanzielle Absicherung sind nur zwei Beispiele dafür. Eine wichtige Rolle spielt hierbei auch die allgemeine Sichtweise, die öffentliche Meinung zum Problem der Frauenmißhandlung: „Eines der größten Probleme von geschlagenen Frauen ist es, daß die Gesellschaft sie als Menschen betrachtet, die unfähig sind, auf sich selbst aufzupassen und ihr Leben zu bewältigen".[9]

Frauen kommen nicht aufgrund eines psychischen oder sozialen Defektes mit der Sozialarbeit in Berührung, sondern weil sie in Beziehungen leben, die sich durch Entmündigung, psychische und körperliche Gewalt auszeichnen.

Die Ursachen dafür sind jedoch nicht im Charakter oder im Verhalten der Frau zu suchen, sondern im gesellschaftlich verankerten Machtverhältnis zwischen Männern und Frauen, das dadurch charakterisiert ist, daß in allen gesellschaftlichen Bereichen und eben auch in der Familie/Ehe der Mann die bestimmende und beherrschende Rolle, die Frau dagegen die untergeordnete, ausführende Rolle einnimmt.

Das Prinzip der Selbstbestimmung wird in der Praxis der Sozialarbeit dort zur Ironie, wo sie Anpassung und Integration fordert, wo sie die Selbstbestimmung auf ein „gesundes Maß" reduziert. Analog zur Situation mißhandelter Frauen bedeutet dies, daß sie sich soweit selbst bestimmen dürfen, als sie nicht aus der Rolle fallen, ihre Ausbruchsversuche, ihre Widerstandsformen sich nicht zum Schaden der Familie erweisen. Nicht von ungefähr kommen die Proteste und Vorwürfe, das Frauenhaus mache eine familienfeindliche Politik.

Der dritte Grundsatz handelt vom Glauben „an gleiche Chancen für alle, begrenzt durch die angeborenen Fähigkeiten des Individuums".[10] Das Paradoxe an diesem Grundsatz liegt in der Tatsache, daß die Sozialarbeit gerade der sozialen Ungleichheit ihre Existenz verdankt und damit zum Lückenbüßer für Geschlechts- und Klassenunterschiede einerseits und für die negativen Konsequenzen der Sozial- versorgung und Sozialversicherung andererseits wurde. Was Frauen von der schönen Phrase „Chancengleichheit" halten sollen, zeigt sich uns bei den Ausbildungsplätzen, den Berufs- und Aufstiegsmöglichkeiten, der ungleichen Bezahlung von Frauen- und Männerarbeit (beliebig fortsetzbar).

Genauso verhält es sich mit der von Friedländer vorgenommenen Einschränkung der Chancengleichheit durch biologische Determinanten, welche immer er damit auch meinen mag. Biologistisches

Denken hat sich schon immer besonders dafür geeignet, sexistische Einstellungen zu legitimieren und zu verfestigen.

Für Frauen, die mit der Sozialarbeit in Berührung kommen, bleiben diese Grundprinzipien solange leere Phrasen, solange sich nicht grundsätzlich die Bewertungskriterien, die normativen Rollenanforderungen für Frauen ändern.

In der Regel treffen Sozialarbeiter und Klient aufgrund gesetzlich festgelegter Aufgaben, die die Sozialarbeit zu erfüllen hat, zusammen. Diese Faktoren sind entscheidend für das Sozialarbeiter-Klientenverhältnis und bestimmen den Grad der Möglichkeit, eine Beziehung relativer Gleichheit aufbauen zu können: „Der Sozialarbeiter kann seinen Klienten nicht nach eigenem Gutdünken helfen. Genau wie alle anderen Mitglieder einer Gesellschaft, die in ihr eine bestimmte Aufgabe übernehmen, ist sein Handeln nicht nur Gesetzen unterworfen, sondern auch gewissen Zwängen, die Art und Weise seiner Arbeit beeinflussen".[11]

Anmerkungen

[1] Jaeckel, M.: *Wer – wenn nicht wir? Zur Spaltung von Frauen in der Sozialarbeit. Eine Streitschrift für Mütter.* München 1980, S. 15
[2] Sauerkirsch/Mutlos/Mirabo/Harmlos: *Weiblichkeit als Beruf.* In: *Beiträge zur feministischen Theorie und Praxis.* Bd. 2, München 1979, S. 71
[3] Heiliger, A./Jaeckel, M./Tüllmann, G.: *Sozialarbeit – Ein Spaltpilz für Frauen?* In: *Beiträge zur feministischen Theorie und Praxis.* Berichte vom Kölner Kongress 1978 „Feministische Theorie und Praxis in sozialen und pädagogischen Berufsfeldern". München 1979, S. 73
[4] Gipser, D./Stein-Hilbers, M. (Hg.): *Wenn Frauen aus der Rolle fallen. Alltägliches Leiden und abweichendes Verhalten von Frauen.* Weinheim und Basel 1980, S. 8
[5] Jaeckel a. a. O., S. 16
[6] Friedländer, W.: *Grundbegriffe und Methoden der Sozialarbeit.* USA 1958, S. 3
[7] Benard Ch./Schlaffer, E.: *Die ganz gewöhnliche Gewalt in der Ehe.* Reinbek bei Hamburg 1978, S. 73
[8] Friedländer a. a. O., S. 4
[9] Berliner Erfahrungsbericht: *Frauen gegen Männergewalt.* Berlin 1978, S. 11
[10] Friedländer, a. a. O., S. 6
[11] Haines, J.: *Interventionsprozesse in der sozialen Arbeit. Die Doppelstrategie gegenüber Betroffenen und ihrem gesellschaftlichen Umfeld.* Freiburg im Breisgau 1979, S. 16

Prinzipien der Frauenhausarbeit

Im Frauenhaus sind eher Bedingungen für eine gleichberechtigte Beziehung zwischen „Betreuerinnen" und „Bewohnerinnen" gegeben. Nach formalen Kriterien werden diese Bedingungen durch die Prinzipien der Frauenhausarbeit geschaffen, die wir im folgenden Abschnitt zusammengefaßt anführen und erläutern wollen, um unsere Abgrenzungsversuche „Klienten der Sozialarbeit – Bewohnerinnen des Frauenhauses" zu verdeutlichen.

Tag und Nacht erreichbar, kein Aufnahmestop

Das Frauenhaus ist Tag und Nacht erreichbar, es gibt keine Voranmeldung oder Wartezeit. Grundvoraussetzung dafür, jeder Frau die Möglichkeit zu geben, ihre von Gewalt dominierte Situation zu verlassen, ist zunächst einmal das Prinzip, jede Frau aufzunehmen, auch wenn dies manchmal bedeutet, enger zusammenzurücken und Notlager einzurichten. Als langfristige Strategie, um die Realisierung dieses Grundsatzes auch stets durchhalten zu können, ohne die im Haus wohnenden Frauen einer unzumutbaren Belastung auszusetzen, sehen wir natürlich den Kampf um weitere Frauenhäuser.

Freiwilligkeit, Selbstdefinition, unbegrenzte Aufenthaltsdauer

Dem Selbstbestimmungsgrundsatz folgend können Frauen selbst entscheiden, wie lange sie im Frauenhaus bleiben wollen, bzw. werden sie jederzeit wieder aufgenommen. Auch die Art und das Ausmaß der Betreuung kann die Frau selbst bestimmen. Die mißhandelten Frauen kommen aus freiem Entschluß ins Frauenhaus, werden also nicht aufgrund gesetzlicher Beschlüsse überwiesen. Dem Vertrauensgrundsatz entsprechend, wird es jeder Frau selbst überlassen, wie sie ihre Gewaltsituation definiert. Es werden keinerlei Nachforschungen angestellt, ob ihre Angaben stimmen. Unsere Hilfe ist nicht abhängig von der Beweisführung der Frau, daß sie mißhandelt wurde, wie dies zum Beispiel bei Polizei und Gerichten gefordert wird.

Anonymität, unbürokratische Hilfe

Es ist ein Strukturmerkmal der institutionellen Sozialarbeit, daß die sozialarbeiterische Tätigkeit zum Großteil bürokratisch geführt wird. In einer hierarchisch geführten Institution sind Zuständigkeit,

Verantwortlichkeit und Kompetenz genau geregelt. Dazu sind eine Vielzahl von Weisungen, Bescheiden, Akten und Formularen notwendig, deren Handhabung der Sozialarbeiter beherrschen muß und die einen Großteil seiner Arbeit in Anspruch nimmt.

Als Beispiel dafür eine Auflistung der bürokratischen Arbeiten und der dazu notwendigen Unterlagen eines Sozialarbeiters am Jugendamt:

Führung der Kindergartenkartei, des Hand- und Sammelaktes, Führung der Erziehungsberatungsmappe, der Pflegestellenmappe, Überstellungsadministration, die Administration bei Gerichtlicher Erziehungshilfe.

Formulare: Mutterberatungsstatistiken, Kindertagesheimkartei, Erholungsfürsorgebögen, Sozialhilfeantragsformulare, Erstbesuchsformulare, Monatsstatistiken, Durchführung eines Antrages auf Sprengelkredit usw.

Eine Zielsetzung der Frauenhausarbeit war immer schon, so unbürokratisch wie möglich vorzugehen. Zum einen, um zu vermeiden, daß die Frauen in bürokratische Strukturen und Anforderungen gepreßt werden, zum anderen, um die notwendige Kommunikation und Auseinandersetzung mit den Frauen nicht durch bürokratische Sachzwänge einzuschränken. Es werden zwar Karteikarten über die Frauen geführt, doch die darin enthaltenen Informationen dürfen ohne Wissen und Zustimmung der betroffenen Frauen nicht weitergegeben werden, auch nicht an Ämter. Außerdem sind die Karten so gestaltet, daß der Name der Betroffenen jederzeit abgetrennt werden kann, was nach zwei Jahren auch regelmäßig erfolgt. Die Aufzeichnungen der Karteikarten dienen uns und den Frauen bei der gemeinsamen Arbeit und liefern uns auch Informationen für statistische Auswertungen, wie Aufenthaltsdauer, Nächtigungszahlen etc. Weiters in Verwendung sind Antragsformulare für Sozialhilfeempfängerinnen, Meldezettel. Außerdem gibt es eine Kassabuchführung.

Trotz des Anspruchs, so unbürokratisch wie möglich zu handeln, ist der Aufwand, besonders im Bereich der Organisation des Hauses (insbesondere die Instandhaltung), recht umfangreich, da es keinen eigenen Verwaltungs- und Organisationsapparat gibt, der bei den öffentlichen Institutionen noch dazukommt: Verwaltungsbeamte, die zuständig sind für Räumlichkeiten, Organisation, Personalangelegenheiten, Geldverwaltung, Schreibarbeiten, Putzfrauen, Handwerker usf.

Keine Männer im Frauenhaus

Ausgehend von den Erfahrungen anderer Frauenhäuser haben wir uns ebenfalls entschlossen, daß Männer keinen Zutritt zum Frauenhaus haben, weder als Mitarbeiter noch als Besucher. Besonders dieser Grundsatz gab immer wieder Anlaß zur Kritik. Männerfeindlichkeit, Männerhaß wurde dahinter vermutet. Oft geäußert wurde auch der Vorwurf, den Kindern werde eine positive Vaterfigur vorenthalten. Die im Haus wohnenden Frauen begrüßen diese Regelung allerdings.

Hilfe zur Selbsthilfe

Ein wesentliches Unterscheidungsmerkmal zwischen Sozialarbeit und Frauenhausarbeit sehen wir darin, daß beide Formen sozialer Arbeit von unterschiedlichen Auffassungen bezüglich Form und Zielsetzung ihrer Hilfeleistung getragen sind. Gehört die *Parteilichkeit* zur konzeptionellen Grundlage der Arbeit im Frauenhaus, so ist der Kodex der beamtlichen *Neutralität* die Handlungsmaxime des Sozialarbeiters in öffentlichen Institutionen.

Bürokratische Regeln, Kontrolle, Weisungsgebundenheit und Konkurrenzkampf sind Faktoren, die mitbestimmen, daß sich der Sozialarbeiter eher zweckloyal als klientenloyal verhält. Die Beratungsarbeit im Frauenhaus hingegen orientiert sich an den Problemlagen mißhandelter Frauen, was von öffentlichen Stellen oft mit dem Argument: „Wir müssen doch auch die Problemlage der Männer sehen, auch Frauen können gewalttätig sein, mit dieser einseitigen Sichtweise können wir die Situation nicht objektiv und wertfrei beurteilen..." kritisiert wird.

Wir bekennen uns dazu, daß unsere Hilfe parteilich für die Frauen ist, gerichtet auf die Veränderung weiblicher Lebenszusammenhänge, denn „angesichts objektiver Ungleichheit und Unterdrückung wäre Neutralität nur ein Schein, der unter der Hand zur Parteinahme für die gesellschaftlich Stärkeren wird".[1]

Dem Prinzip der emanzipatorischen Selbsthilfe folgend, wollen wir Frauen nicht länger verwalten, sondern ihnen dabei helfen, ihre eigenen Interessen und Bedürfnisse wahrzunehmen und eine selbstbestimmte, vom Mann unabhängige Existenz aufzubauen. Dazu zählt auch, Frauen ernst zu nehmen, ihre Darstellung von Gewalterfahrungen anzuerkennen, sie in ihrem Bechluß, eine neue Lebensperspektive (sei es in Form einer Trennung oder in Form des Ver-

suchs, ihre Ehe auf eine neue Basis zu stellen) anzustreben, zu unterstützen, sie darüber zu beraten und zu informieren, wie sie am
schnellsten und besten ihre eigenen Ansprüche und Belange durchsetzen können.

Grundsätzlich haben wir die Erfahrung gemacht, daß die Frauen
unsere Parteilichkeit als sehr positiv empfinden und sie dadurch einen Anstoß bekommen, ihre Selbstbeschuldigungstendenzen abzubauen.

Anmerkung

[1] *Hilfen für mißhandelte Frauen.* Abschlußbericht der wissenschaftlichen
Begleitung des Modellprojekts Frauenhaus Berlin. Stuttgart 1981, S. 26

Arbeitsorganisation

Erste Voraussetzung für feministische Projekte ist die *Autonomie*
als Organisationsform. Bei den Frauenhäusern kommt dieses Prinzip
bei der autonomen Selbstverwaltung durch Bewohnerinnen und Mitarbeiterinnen zum Ausdruck. Diesem Grundsatz liegt die Auffassung
zugrunde, daß Frauen, die ins Frauenhaus kommen, selbständige
und für sich selbst verantwortliche Menschen sind, die ihr Leben im
Haus ohne Bevormundung und nach ihrem Willen gestalten können.
Das bedeutet natürlich nicht, daß jede Frau tun und lassen kann, was
sie will, sondern, daß über alle Angelegenheiten, die das Zusammenleben im Haus betreffen, Frauen und Mitarbeiterinnen gemeinsam
entscheiden.

Dem Selbstverwaltungsprinzip entspricht auch die Personalauto-
nomie und konzeptionelle Selbstbestimmung der Mitarbeiterinnen
des Frauenhauses gegenüber staatlichen Institutionen wie soziale
Ämter, Behörden etc. Allerdings muß diese Selbstverwaltung sowohl
nach innen wie auch nach außen immer wieder erkämpft werden.

Schwierigkeiten mit dem Grundsatz der kollektiven Zusammenarbeit im Haus ergeben sich schon allein durch die Tatsache, daß die
Mitarbeiterinnen eine relativ homogene Gruppe darstellen, während die der Bewohnerinnen stark fluktuiert.

Die Arbeit im Frauenhaus wurde von Anfang an als Teamarbeit
konzipiert und gestaltet. Da die eigenen Berufserfahrungen in sozialen Institutionen (z. B. Jugendamt, Sozialreferat) eher negativ wa-

ren, wurde sowohl die Arbeit im Kollektiv als auch die parteiliche Beratung und Unterstützung mißhandelter Frauen und ihrer Kinder erst in der Frauenhaus-Praxis entwickelt.

Die Arbeit im Team wird von folgenden Grundsätzen getragen:
- es gibt keine Hierarchie unter den Mitarbeiterinnen,
- Entscheidungen werden gemeinsam getroffen,
- alle machen die gleiche Arbeit,
- gleiche Bezahlung für alle,
- alle arbeiten gleich viel,
- die Einteilung der Arbeit wird gemeinsam vorgenommen.

Zusammenfassend ist festzustellen, daß die Handlungsadressaten der Sozialarbeit sowohl der Sozialadministration als auch dem Sozialarbeiter selbst unterworfen sind und daher auch meist die Position eines Unmündigen einnehmen. Für uns dagegen sind die hilfesuchenden Frauen keine „Fälle" der Beratungsarbeit, sondern werden als Personen mit individueller Geschichte, subjektiven Erfahrungen und der Fähigkeit, ihre eigene Situation zu bewerten, eingeschätzt. Die Frauen, ihre Bedürfnisse und Erwartungen stehen an erster Stelle, es wird ihnen zugetraut, ihre Situation einzuschätzen und herauszufinden, welche Schritte für sie wichtig sind.

Die Handlungsgrenzen öffentlicher Sozialarbeit sind einerseits durch die sozioökonomische Randstellung der Sozialarbeit, andererseits durch die spezifisch institutionell-politische Verfaßtheit ihrer öffentlichen Träger bestimmt. Dies zeigt sich besonders dort, wo die Handlungsintentionen eines Sozialarbeiters über die Weisungen der Verwaltung hinausgehen, er sich an Handlungsdimensionen orientiert, die von der Verwaltung nicht gutgeheißen werden können, etwa Interessenmobilisierung der Klienten, Mobilisierung von Aktionsgruppen außerhalb der Sozialadministration.

Stets bemüht, Herrschaftsstrukturen weder implizit noch potentiell zu bedrohen, muß sich die institutionalisierte Sozialarbeit auch weiterhin den Ruf gefallen lasen, Stabilisator des gesellschaftlichen Status quo zu sein. Emanzipatorische Sozialarbeit bemißt sich an den Beteiligungschancen der Handlungsadressaten und setzt zunächst einmal die Reflexion des Verhältnisses ungleicher sozialer Partner voraus. Ohne eine durchgreifende Veränderung des hierarchisch organisierten Rahmens öffentlicher Sozialarbeit können jedoch emanzipatorische Innovationen kaum verwirklicht werden.

Frauenhäuser als feministische Projekte

Der Ansatzpunkt der Frauenhausprojekte (feministischer Projekte allgemein) leitet sich aus der Analyse der Herrschafts- und Machtverhältnisse in einer patriarchalischen Gesellschaft, genauer: aus der Bestimmung der Lage der Frau in den Strukturbereichen Produktion, Reproduktion, Sozialisation und Sexualität ab. Diese vier Bereiche sind Schlüsselstrukturen der Stellung der Frau in der Gesellschaft. Zusammengefaßt als komplexe Einheit widerspiegeln sie die Lage der Frau im Zusammentreffen psychischer, physischer, sozialer und wirtschaftlicher Gewalt.

Frauenhausinitiativen haben sich auf der Basis der autonomen Frauenbewegung entwickelt, haben daher auch nur am Rande mit Innovationsbemühungen innerhalb der institutionellen Sozialarbeit zu tun.

In Österreich sind die Frauenhäuser Wiens das erste Modellprojekt der Neuen Frauenbewegung auf dem sozialen Sektor, während in der BRD die ältesten Projekte auf die Abtreibungskampagne zurückgehen. Die Schwerpunkte feministischer Projekte liegen im gesundheits- und sozialpolitischen und nicht zuletzt auch im kulturellen Bereich.[1] Stärkste öffentliche Resonanz haben die Häuser für mißhandelte Frauen bekommen. Gelegentlich wird sogar von der „Frauenhausbewegung" als einer gesonderten Strömung gesprochen.[2]

Erstmals wurde in einem breiteren Rahmen die Mißhandlung von Frauen und ihren Kindern, die alltägliche Gewalt in der Ehe zu einer öffentlichen Angelegenheit gemacht. Dies ist hervorzuheben, da gerade der Privatbereich von Ehe und Familie zu den größten Tabus in der Gesellschaft zählt.

Im Verlauf der Frauenbewegung wurde auch mit verschiedenen Erklärungsansätzen zur Entstehung von Gewalt in der Ehe aufgeräumt. So etwa mit der Annahme, Gewalttätigkeit sei ein pathologisches, abnormes Verhalten. Denn gerade die Individualisierung des Problems verhindert, Frauenmißhandlung als gesamtgesellschaftliches Problem zu sehen, sie wird als eine Angelegenheit einer kleinen Minderheit verharmlost. Daß auch der Durchschnittsmann seine Frau psychisch und/oder physisch fertigmacht, steht nach einigen Jahren Frauenhausgeschichte außer Frage. Auch ein „Drang nach masochistischer Bedürfnisbefriedigung" ließ sich den Frauen nach den Erfahrungen im Frauenhaus nicht mehr so ohne weiteres unterstellen.[3] Unsere Gespräche mit betroffenen Frauen haben immer wieder gezeigt, daß keine Frau sich gerne prügeln, beschimpfen und vergewaltigen läßt. Aber Frauen haben gelernt, sich zu unterwerfen, auch unter den tagtäglichen Terror der Männer. In einer Gesellschaft, in der Männer die Verfügungsgewalt über Frauen in Anspruch nehmen können, psychische und physische Gewalt als ein Kavaliersdelikt hingestellt wird, die Familie nach außen stets den Schein harmonischen Glücks wahren muß, wundert es nicht, daß Frauen solange geschwiegen haben.

Anmerkungen

[1] Schenk, H.: *Geschlechtsrollenwandel und Sexismus.* Weinheim – Basel 1979, S. 95
[2] Schenk a. a. O., S. 96
[3] Lau, S. u. a.: *Aggressionsopfer Frau. Körperliche und seelische Mißhandlung in der Ehe.* Reinbek bei Hamburg 1979, S. 105

Rosa Logar
DIE ARBEIT IN DER PRAXIS

Abgrenzung

Eine wichtige Erfahrung aus der Praxis aller Frauenhäuser ist die Frage der Abgrenzung. Nachdem die ersten Häuser ihren Betrieb aufgenommen hatten, sahen sie sich bald mit den vielfältigsten Problemen, die Frauen in unserer Gesellschaft haben, konfrontiert und mußten lernen, daß im Rahmen der Frauenhausarbeit viele dieser Probleme nicht zu lösen sind:

„Von Polizei, Rettung oder Taxifahrern werden immer wieder Frauen, die verstört oder verzweifelt sind, ins Frauenhaus gebracht. Wir können mit zunehmender Erfahrung besser entscheiden, ob wir einer Frau helfen können oder damit überfordert sind. Wir mußten dabei einiges an Allmachtsansprüchen aufgeben und erkennen, daß unsere Möglichkeiten beschränkt sind. Wir müssen auch aufpassen, uns von anderen sozialen Einrichtungen nicht Frauen mit massiven Problemen zuschieben zu lassen. Wir müssen den Druck auf diese Einrichtungen zurückgeben, selbst Hilfe zu organisieren."[1]

So hat es sich in der Praxis in allen Frauenhäusern herauskristallisiert, daß Frauen mit massiven Problemen wie Alkoholismus, Drogenabhängigkeit, Obdachlosigkeit oder schweren psychischen Erkrankungen im Frauenhaus nicht oder nur in Zusammenarbeit mit anderen, dafür spezialisierten Einrichtungen geholfen werden kann.

In allen Häusern entwickelte sich aus der praktischen Arbeit das System der „Bezugsfrauen": „Es wurde bald klar, daß eine gute Betreuung nur möglich ist, wenn sich nicht alle Mitarbeiterinnen für alle Frauen zuständig fühlen. So wird jeder Frau, die ins Haus kommt gesagt, daß sie sich in den ersten zwei Wochen eine Mitarbeiterin als Bezugsfrau aussuchen soll, mit der sie alle Probleme genauer durchgehen kann. Jede diensthabende Mitarbeiterin ist trotzdem für akute Probleme zuständig."[2]

Der Grundsatz der Parteilichkeit für die Frau ist nach wie vor für die Arbeit in allen Frauenhäusern gültig. Er bedeutet, daß prinzipiell nur mit den Frauen gearbeitet wird. Darüber hinaus bieten alle Häuser auch Beratungsgespräche mit Frau und Mann an, wenn die Frau dies wünscht. Diese Gespräche dienen der kurzfristigen Klärung aktueller Probleme, haben aber nicht den Charakter einer Paar- oder Eheberatung. Die Mitarbeiterinnen übernehmen aber Vermittlerfunktion, falls eine solche Beratung von der Frau gewünscht wird. Eine Ausnahme von dieser Praxis ist das Frauenhaus Innsbruck. Dort ist seit 1983 dem Frauenhaus eine Familienberatungsstelle angeschlossen. Diese hat sich – anfangs aus finanziellen Überlegungen gegründet – zu einem wichtigen Bestandteil der Frauenhausarbeit entwickelt:

„Aus den Erfahrungen unserer Arbeit hat sich gezeigt, daß die Arbeit in der Beratungsstelle sehr notwendig wurde: Viele Frauen kehren nach einem kurzen oder längeren Aufenthalt bei uns zu den Männern zurück. Nach einer Trennung merken oft sowohl Männer als auch Frauen, daß ihnen ihr Partner noch etwas bedeutet und daß sie es noch einmal versuchen wollen. Damit die Partner nicht von Anfang an wieder in dieselben Verhaltensmuster verfallen, bieten wir Beratungsgespräche mit beiden Partnern oder der gesamten Familie an, die auch gern und häufig in Anspruch genommen werden."[3]

Anmerkungen

[1] Frauenhaus Graz
[2] Ebenda
[3] Frauenhaus Tirol

Persönliche Betroffenheit

Ein Aspekt der Arbeit, der sich in der Praxis für die meisten Mitarbeiterinnen verändert hat, ist der Aspekt der persönlichen Betroffenheit:

„Wir gingen von der Annahme aus, daß die betroffenen Frauen genauso wie wir ihre Frauenrolle verändern wollen, daß sie aktiv für ihre Rechte eintreten und ihre Möglichkeiten an der Mitbestimmung und Mitgestaltung selbstverständlich wahrnehmen. In der Praxis sahen wir, daß die Frauen in einer Ausnahmesituation, einer Krisensituation stecken und deutliche deklariert Hilfe benötigen. Wir stehen jetzt zu unserer Fachkompetenz. Außerdem gestehen wir uns ein, in einer völlig anderen Situation zu stehen, eine andere Sprache zu sprechen, bessere Ausgangsmöglichkeiten gehabt und andere Vorstellungen von Selbstverwirklichung zu haben. Unsere eigene Betroffenheit wirkt sich anders aus als die der Frauen im Frauenhaus. Wir können den Frauen Schutz geben, die Möglichkeit, aus einer unerträglichen Situation herauszukönnen, nicht ausgeliefert zu sein. Dadurch wird das Selbstvertrauen der Frauen gestärkt."[1]

Die Auseinandersetzung um die Frage der eigenen Betroffenheit ist wohl im wesentlichen von der Tatsache bestimmt, daß auch in Österreich die Initiative und Arbeit für Frauenhäuser von Frauen ausging, die nicht unmittelbar von massiver Gewalt betroffen waren.

„Selbst wenn wir ähnliche Probleme haben, ist unsere Betroffenheit von Gewalt gegen Frauen in der Ehe doch im wesentlichen eine moralische. Unsere Betroffenheit beruht auf unserer Analyse und Erfahrungen von der Unterdrückung der Frau in unserer patriarchalischen Gesellschaft. Die Betroffenheit der Frauen im Haus beruht auf ihrer individuellen Erfahrung mit einem gewalttätigen Mann. Diese Betroffenheit beinhaltet oft keine generelle Auseinandersetzung mit dem Problem Gewalt gegen Frauen und geht manchmal nicht einmal soweit, daß die Frauen eine klare Haltung gegenüber der prinzipiellen Unrechtmäßigkeit von Gewaltausübung gegenüber anderen Menschen haben. Die Betroffenheit der Frauen im Haus ist konkret bezogen auf ihre eigene Person und auf ihr unmittelbares Leid."[2]

Aber es gibt in der Praxis der Frauenhausarbeit in Österreich auch die Selbstorganisation der wirklich betroffenen Frauen: Das Welser Frauenhaus ist aus einer Selbsthilfegruppe von mißhandelten Frauen entstanden, in den Frauenhäusern Wien und Graz arbeiten Frauen, die einmal im Frauenhaus gelebt haben, gleichberechtigt im Team mit.

Anmerkungen

[1] Frauenhaus Tirol
[2] M. Brückner, *Die Liebe der Frauen*, Frankfurt 1983, S. 91

Betreuung der Kinder

Am meisten unterschätzt wurde bei allen Frauenhauskonzepten die Betreuung der Kinder. An sich kann diese Arbeit als „subsidiär" bezeichnet werden, d. h., daß sie in allen Häusern so organisiert ist, daß die Mütter prinzipiell auch während des Aufenthaltes im Frauenhaus selbst verantwotlich sind, also Versorgung und Betreuung selbst – mit gegenseitiger Hilfe und Unterstützung der Mitarbeiterinnen – organisieren. Die Kinder werden, falls der Schulweg zu weit ist, umgeschult. Nach Möglichkeit gehen die Kinder in öffentliche Kindergärten und Horte. (In den Bundesländern sind diese Möglichkeiten geringer als in Wien.) Das Kinderbetreuungsangebot in den Frauenhäusern dient vor allem zur Entlastung in der schwierigen neuen Situation:

„Im Laufe unserer Arbeit hat es sich gezeigt, daß es notwendig ist, auf die Kinderbetreuung besonderes Augenmerk zu legen. Frauen, die hier mit ihren Kindern Zuflucht suchen, brauchen vor allem in den ersten Wochen Unterstützung und die Möglichkeit zu überlegen, wie es in ihrem Leben weitergehen soll. Gezielte Kinderbetreuung ermöglicht den Frauen diesen Freiraum."[1]

In der Praxis gestaltet sich die Kinderarbeit aber oft schwierig:
– Es ist nicht genug Personal vorhanden, um eine kontinuierliche, intensive Arbeit mit den Kindern zu gewährleisten. In den meisten Häusern gibt es nur eine oder zwei Mitarbeiterinnen für die Kinder. Manchmal wird diese Arbeit von Freiwilligen geleistet oder nur stundenweise bezahlt. In einigen Häusern arbeiten die Mitarbeiterinnen fallweise, nach eigenem Bedürfnis und Arbeitskapazität, mit den Kindern, oder die Betreuung wird mit Hilfe von Arbeitsmarktförderungsmaßnahmen wie Aktion 8000, Akademiker- und Absolvententraining finanziert.
– Die Kinder sind unterschiedlich alt, vom Säugling bis zum fast erwachsenen Jugendlichen.
– Die starke Fluktuation erschwert gezielte, kontinuierliche Arbeit.

Die Kinder im Frauenhaus kommen zu einem großen Teil aus sehr belastenden bis katastrophalen Familienverhältnissen: Sie haben dort Spannungen und Streit bis hin zu tätlichen Auseinandersetzungen zwischen den Elternteilen miterleben müssen, sind zum Teil sehr direkt damit konfrontiert worden durch ihre Funktion als schwächstes Glied in der Familie, als „Sündenbock"; in vielen Fällen haben sie die Auswirkungen von Alkoholismus in der Familie erfahren, einige Kinder sind selbst bereits körperlich mißhandelt worden.

Da beinahe in allen Fällen der Aufbruch von daheim ins Frauenhaus unter ziemlich dramatischen Umständen erfolgt und, wie vorhin beschrieben, so gut wie immer Kinder direkt oder indirekt von den Verhältnissen daheim in Mitleidenschaft gezogen wurden, sind die Kinder anfangs mehr oder weniger verstört. Die meisten Kinder erleben den vollkommenen Zusammenbruch des Familienlebens als erschreckend und sozial verunsichernd. Allerdings wird es manchmal auch als befreiender Ausbruch erlebt, wenn man den unerträglichen Verhältnissen entfliehen kann. Die Lebensumstände im Frauenhaus sind von vielen neuen Erscheinungen geprägt. Viele Frauen leben hier gemeinsam in einem Haus. Die Kinder sind gezwungen, sich dieser neuen Situation anzupassen und sich in ihr zu orientieren. Der Verlust der alten sozialen Umgebung muß bewältigt werden. Die Kinder erleben ihre Mutter in einer neuen Rolle. Sie ist allein verantwortlich, sie trifft Entscheidungen allein, die daheim zum Teil ausschließlich vom Vater gefällt wurden. Die Mutter wird von anderen Frauen und den Mitarbeiterinnen in ihren Entscheidungen ernst genommen. Die Kinder sehen ihre Mütter oft mit anderen Augen als zu Hause. Sie hören bei Gesprächen der Frauen untereinander zu und haben auch hier die Möglichkeit, sich ein kritischeres Bild von der Männerrolle zu machen als zu Hause. Die Kinder suchen sich häufig neue Bezugspersonen (Frauen, Mitarbeiterinnen, andere Kinder) und haben deshalb auch die Möglichkeit, sich aus ihrer engen Fixierung an die Mutter zu lösen.

Die Arbeit der „Kinderfrauen" erfordert daher besonders viel Einsatz, Flexibilität und Engagement für die Kinder und kommt (entsprechend der gesellschaftlichen Realität?) leider oft zu kurz.

Gertraud berichtet

Mit acht Kindern quer durch die Wiesen zum Spielplatz von Schloß Ambras, mit I. als Hilfe. Zäher Machtkampf mit R., am Spielplatz häufige Konflikte mit fremden Kindern wegen der Schaukel, H. und R. gehen anfangs nur nach dem Faustrecht vor, versuche immer wieder, zu vermitteln, bis sie bereit sind, freiwillig die Reihenfolge einzuhalten.

Ich versuche heute, möglichst viel über Körperkontakt auszutragen, mit Rangeln und Raufen, da bei H. und R. und S. geballte Aggression spürbar ist. Alle drei steigen gut darauf ein. Bereits auf dem Weg hierher habe ich sie zu richtig lautem Schreien provoziert, damit sie auch auf diese Weise einige Aggressionen loswerden können.

Nach dem Aufenthalt auf dem Spielplatz längere Zeit in der „Geisterhöhle", die Kinder schleppen Schätze daher und sind total stolz auf ihre Funde. Anschließend Eisessen im Cafe – ziemlich chaotisch – vor allem die Kleinen patzen wild herum, zum Glück sind die anwesenden Leute recht tolerant. H. will uns unbedingt noch den „Wunderbaum" zeigen (eine riesige alte Buche im Park, die aus mehreren Stämmen besteht und Unterschlupf für vier bis fünf Kinder bietet).

Dann beim Ententeich vorbei Richtung Bushaltestelle. Diese zehn Minuten, die wir dort warten müssen, sind die anstrengendsten vom ganzen Nachmittag: R. klettert auf die hohe Mauer, und einige Momente lang schaut es so aus, als ob er aus vier Meter Höhe herabspringen wollte – erst nach wiederholten eindringlichen Bitten ist er endlich bereit, langsam retour zu gehen. Zu Hause angelangt, gibt es Jause im Kinderzimmer. H. macht mit seiner Mutter die Hausaufgaben.

Die anderen Kinder formen Figuren aus Knetmasse, die Stimmung ist sehr fein dabei. Sogar R. schafft es, in normaler Lautstärke zu reden und niemanden zu ärgern. Ich sage ihm, wie sehr es mich freut, daß er so nett sein kann (ich habe das gute Gefühl, ihn heute etwas „gezähmt" zu haben durch die intensive Auseinandersetzung mit ihm).

Kurz vor Schluß Konflikt mit T., weil er mir die Schlüssel nicht zurückgeben will, wobei er mich in einem Wutanfall ganz heftig in die Schulter beißt – bin einen Augenblick lang sprachlos vor Schmerz. Ich kann mir vorstellen, daß seine Wut der Ausdruck seiner Eifersucht ist, die mir heute einige Male stark aufgefallen ist, z. B. wenn I. und ich die Kleinsten getragen haben.

Bin jetzt zwar müde nach diesen vier Stunden, aber auch zufrieden, weil es ein sehr intensiver Nachmittag war.[2]

Anmerkungen

[1] Frauenhaus Klagenfurt
[2] Kinderdienstprotokoll von Gertraud Koch-Pleisch, 29. 9. 1986.

Frauenhausspezifische Arbeitsbedingungen

Die meisten Frauenhäuser arbeiten ganzheitlich, das heißt, daß alle Mitarbeiterinnen für das gesamte Projekt verantwortlich sind. In einzelnen Bereichen gibt es eine – manchmal auch zeitlich begrenzte

- Spezialisierung nach Kompetenz und Bedürfnissen, im Prinzip bleibt jedoch die ganzheitliche Arbeitsweise bestehen.

  Für die Mitarbeiterinnen bedeutet das:
- Im Laufe eines Dienstes sind vielfältige und verschiedene Arbeiten zu erledigen – von der Auseinandersetzung mit Handwerkern, der Erledigung von Büroarbeiten über Gesprächsführung mit Frauen bis zum Durchsehen der Hausaufgaben bei den Kindern. Von den Mitarbeiterinnen wird Qualifikation und Kompetenz in all diesen Arbeitsbereichen gefordert.
- Die Fülle der Ereignisse erfordert eine sehr flexible Arbeitsweise, die Mitarbeiterinnen müssen sich rasch auf neue Situationen einstellen können und bereit sein, Geplantes zurückzustellen, wenn aktuelle Ereignisse dies erfordern.
- Flexibilität, auch was die Arbeitszeit betrifft, ist nötig. Es ist nicht immer möglich, mit Dienstschluß auch wirklich nach Hause zu gehen. Sehr oft wird das Arbeitsende von den Ereignissen bestimmt. Die Mitarbeiterinnen sind auch zu Hause in ihrer Freizeit abrufbar, sie werden angerufen, wenn es Fragen an sie gibt, kurzfristig Arbeit anfällt, die nicht innerhalb der Dienstzeit zu bewältigen ist oder eine Mitarbeiterin krank ist und daher vertreten werden muß.
- Es gibt keine Rückzugsmöglichkeit, keine Ruhe.
- Die diensthabende Frau muß jederzeit für die Probleme des Hauses ansprechbar sein.
- Das Büro ist der zentrale Arbeitsraum und, neben der Küche, der wichtigste Kommunikationsbereich; das bedeutet, daß meist nicht in Ruhe gearbeitet werden kann, da sich eine Vielzahl von Aktivitäten gleichzeitig im Büro abspielen; die Arbeit erfordert daher hohe Konzentration.
- Unter den Mitarbeiterinnen gibt es keine Hierarchie, alle Mitarbeiterinnen entscheiden gemeinsam über ihre Arbeit; das erfordert sehr viel Kommunikation und Informationsaustausch (die Mitarbeiterinnenbesprechung, „das Team", dauert bis zu sieben Stunden); natürlich kostet das sehr viel Zeit, ist aber sehr wichtig, da jede Mitarbeiterin über die Situation im Haus sehr gut informiert sein muß.
- Die Gewalttätigkeit der Männer ist auch im Frauenhaus spürbar – wenn ein Mann die Adresse des Frauenhauses herausgefunden hat, kommt es oft vor, daß er vor dem Haus steht und mit Bitten,

Drohungen oder Gewalt versucht, seine Frau zur Rückkehr zu bewegen. Eine der vorrangigsten und wichtigsten Aufgaben ist es daher, die Frauen und Kinder vor weiteren Mißhandlungen so weit als möglich zu schützen. Die Gewalt der Männer wirkt sich auch auf die Mitarbeiterinnen aus (einer Mitarbeiterin wurde bei einer Auseinandersetzung von einem Mann der Finger gebrochen, Drohungen und Beschimpfungen sind an der Tagesordnung). Es muß jederzeit mit gewalttätigen Männern gerechnet werden, das bedeutet eine ständige nervliche Anspannung.

– Der Arbeitsaufwand ist insgesamt so groß, daß, auch wenn mehrere Mitarbeiterinnen gleichzeitig Dienst haben, meist nur eine Mitarbeiterin im Haus anwesend ist, da die anderen mit diversen Außendiensten beschäftigt sind. Das bedeutet, auch in schwierigen Situationen alleine Entscheidungen zu treffen und die Verantwortung dafür tragen zu müssen.

Die Arbeitsbereiche

Die Arbeit im Frauenhaus umfaßt folgende Bereiche:
1. Beratung:
Telefonische und ambulante Beratung – Aufnahme im Frauenhaus – kontinuierliche, intensive Beratung der einzelnen Frauen – Gruppengespräche. Nachbetreuung.
2. Praktische Unterstützung der Frauen:
Begleitung bei Gefährdung – Kinder aus der Wohnung holen – Sachen aus der Wohnung holen – Kinder bei Gefährdung begleiten (Schule, Kindergarten) – Begleitung bei Amtswegen, Unterstützung bei Ämtern und Gerichten (Scheidung, Pfegschafts- und Unterhaltsverfahren, Strafverfahren, Anzeigen, ...) – Geld für den Lebensbedarf organisieren: Sozialhilfeanträge, für Ausländerinnen verschiedene Einrichtungen um Geldaushilfen ansuchen – Unterstützung bei der Arbeitssuche, Umschulung, Ausbildung – Wohnungsbeschaffung: Anträge und Berichte ans Wohnungsamt, Auftreiben von Geldern für Ablösen – Unterstützung bei Ausstattung und Einrichtung der Wohnung, Möbelspenden holen – Betreuung bei Krankheit oder Verletzung, Arztbesuche, Urlaube und Erholungsaufenthalte organisieren – Unterstützung der Kinder: Kinderurlaube organisieren, Schulwechsel, Kindergartenplätze, spezielle Hilfen bei Problemen organisieren, Brillen, Zahnspangen etc. besorgen ...

3. Teamarbeit:
Wöchentliche Besprechungen − Supervision − Zusammenarbeit und Erfahrungsaustausch mit anderen Frauenhäusern.

4. Zusammenleben im Haus:
Hausversammlung − Hilfestellung bei Konflikten − Freizeitgestaltung.

5. Öffentlichkeitsarbeit:
Kontakte mit anderen Einrichtungen − Informationsgespräche − Vorträge und Gespräche in Sozialakademien verschiedenen Schulen, Volkshochschulen, Universitäten, Mütterrunden und Selbsthilfegruppen − Kontaktgespräche mit Polizei und Kriminalbeamtinnen − Artikel und Interviews für Medien − eigene Veranstaltungen − Informationsblätter verfassen − Kontakte zu anderen Frauengruppen und -einrichtungen − gemeinsame Aktionen − Pressekonferenzen, Presseaussendungen.

6. Arbeit mit den Kindern
Spielstunden − Versammlungen mit Kindern und Jugendlichen − Fallweise Einzelbetreuung − Ausflüge, Kinderlager.

7. Büro- und Verwaltungsarbeiten:
Telefondienst − Türdienst − Geldverwaltung.

8. Hausorganisation:
Einkauf und Verwaltung der Lebensmittel − Instandhaltung des Hauses organisieren − Zusammenarbeit mit Handwerkern − Reparaturarbeiten selbst durchführen − Reinigungsarbeiten − Verwaltung von Spendenmöbeln und Kleidern − Gartenarbeit.

Praktische Unterstützung der Frauen

Die praktische Unterstützung beginnt meist mit Ankunft der Frau. Wenn sie keine Kleidung, Schulsachen für die Kinder etc. mitnehmen konnte, müssen diese Dinge aus der Wohnung geholt werden. „Wenn anzunehmen ist, daß der Mann in der Wohnung ist, und die Frau Angst hat, fordern die Mitarbeiterinnen Polizeischutz an. Da es einige Male passiert ist, daß Frauen und Mitarbeiterinnen bei Begegnungen mit den Männern von diesen verletzt wurden, hat das Team beschlossen, dieses Risiko nicht weiter einzugehen. Wir haben dahr immer wieder mit der Polizei verhandelt und schließlich erreicht, daß unserer Bitte um Schutz und Begleitung immer Folge geleistet wird.

Von der Bundespolizeidirektion Wien gibt es diesbezüglich eine schriftliche Weisung an alle Wachstuben. Die Zusammenarbeit mit der Polizei hat sich in den letzten Jahren sehr verbessert."[1]

Ein weiterer Bereich, in dem die Frauen Unterstützung und Hilfe unbedingt brauchen, ist die Beschaffung, Renovierung und Einrichtung von Wohnungen. Auch diese Arbeit braucht viel Zeit und auch Muskelkraft. Frauen und Mitarbeiterinnen organisieren gemeinsam Möbel – meist sind es Möbel, die uns gespendet werden. Größere und kleinere Möbelstücke werden von uns selbst mit dem VW-Bus abgeholt und in die neue Wohnung gebracht. In einer Phase, in der gerade viele Frauen gleichzeitig eine Wohnung bekommen, sind besonders die Mitarbeiterinnen mit Führerschein ganz schön im Einsatz – manchmal haben sie den Eindruck, nicht im Frauenhaus, sondern in einem Transportunternehmen zu arbeiten. Diese Arbeit ist sehr wichtig und notwendig, da sehr viele Frauen wenig oder keine Möbel, Haushaltsgeräte etc. haben, oft auch deswegen, weil der Mann nicht bereit ist, den Hausrat und die Möbel freiwillig aufzuteilen, und der gerichtliche Weg, diese Sachen einzuklagen, langwierig und kostspielig ist. Vom Kaffeehäferl bis zur Steppdecke muß alles organisiert werden.

Anmerkung

[1] Frauenhaus Wien

Selbstverwaltung

Trotz aller Schwierigkeiten in der Praxis sehen es alle Frauenhäuser nach wie vor als ihr Ziel, im Frauenhaus möglichst demokratische Strukturen im Zusammenleben aufzubauen. Die Frauenhäuser sollen nicht Heime sein, sondern Selbstverwaltung und Selbstbestimmung ermöglichen.

In allen Häusern gibt es Raum und Möglichkeit zur Mitgestaltung für die einzelnen Frauen. Die Hausregeln sind meist nicht vorgegeben, sondern wurden von Mitarbeiterinnen und Bewohnerinnen gemeinsam erarbeitet und können auch wieder verändert werden.

Frauen, die im Frauenhaus wohnen wollen, müssen allerdings bereit sein, die Prinzipien zu akzeptieren. Diese sind nicht veränderbar.

Das wichtigste Forum für das Leben im Haus sind überall die

Hausversammlungen, an denen alle Bewohnerinnen und – von Haus zu Haus verschieden – eine oder mehrere Mitarbeiterinnen teilnehmen. Bei diesen Treffen werden die Arbeit aufgeteilt und anfallende Probleme besprochen, Aktivitäten werden geplant, Feste organisiert, Kämpfe werden ausgetragen und Geschichten erzählt. Jede Frau hat die Möglichkeit, Dinge, die ihr wichtig sind, einzubringen. Auch die Mitarbeiterinnen bringen ihre Anliegen an die Frauen in der Hausversammlung vor.

In einigen Frauenhäusern haben die Bewohnerinnen auch die Möglichkeit, bei Bedarf an der Besprechung der Mitarbeiterinnen, dem „Team", teilzunehmen.

Die Einhaltung der gemeinsam aufgestellten Regeln ist für alle Pflicht. Wenn sich eine Frau nicht daran hält, gibt es Sanktionen. Diese sind unterschiedlich, im schlimmsten Fall muß die Frau ausziehen (nur bei sehr groben Verstößen).

Natürlich gibt es Schwierigkeiten bei dieser Form des Zusammenlebens: es ist sehr mühsam und zeitaufwendig, in einer großen Gemeinschaft wirklich demokratisch zu leben. Je größer die Gruppe ist, umso schwieriger ist es. Dazu kommt, daß die meisten das Leben in einer so großen Gemeinschaft nicht kennen oder nur von anderen, hierarchisch organisierten Einrichtungen, und daß sie es nicht gewöhnt sind, mitzuentscheiden und gemeinsam Verantwortung zu tragen.

Die Mitarbeiterinnen haben natürlich großen Einfluß und auch Vorbildfunktion (ganz schön stressig, besonders wenn die Frauen ihnen die eigenen Fehler widerspiegeln). Sie haben außerdem den Vorteil, eine relativ fixe, stabile Gruppe zu sein, die zum Teil schon seit Jahren gemeinsam arbeitet. Im Gegensatz dazu ist die Fluktuation in der Gruppe der Bewohnerinnen groß, und neben ihrem gemeinsamen Schicksal sind sie oft ganz unterschiedlich:

„Eine Frau steht mit ihren Kindern früh auf und macht Lärm, die andere Frau im Zimmer möchte länger schlafen und ärgert sich. Die Kinder der einen Frau bekommen Kakao zum Frühstück, plötzlich wollen die Kinder der anderen ihre Milch nicht mehr trinken. Die eine Frau ist sehr streng mit den Kindern und ärgert sich, wenn andere ihren Kindern mehr erlauben. Für manche Frauen ist es normal, Schimpfwörter zu verwenden, andere sind entsetzt oder eingeschüchtert dadurch."[1]

Auch die verschiedenen Nationalitäten, die im Haus versammelt sind, bringen reiches Konfliktpotential, aber auch die Möglichkeit zu lernen, Vorurteile abzubauen und Neues zu entdecken – z. B., den Geschmack von Baklawa, das die türkische Frau selbst gemacht hat, oder die Technik des Bauchtanzes. In den Wiener Frauenhäusern wohnten Frauen aus zweiunddreißig Nationen.

Anmerkung

[1] Frauenhaus Graz

Bauliche und räumliche Strukturen

Sicherheitsvorkehrungen

Alle Frauenhäuser sind in eigenen, abgeschlossenen Objekten untergebracht. Dies ist sehr wichtig, da nur so der Schutz der Frauen und Kinder vor weiteren Mißhandlungen einigermaßen gewährleistet werden kann. Die Schutzfunktion der Frauenhäuser bringt es leider mit sich, daß den Sicherheitsvorkehrungen große Wichtigkeit zukommt: Zäune, Gitter, Gegensprechanlagen, Sicherheitsschlösser, etc. sollen das Eindringen gewalttätiger Männer möglichst verhindern. Das hat zur Folge, daß die Häuser etwas Gefängnisartiges an sich haben, was sich natürlich auf das Wohnklima auswirkt:

„Frauen und Kindern geht es manchmal sehr schlecht, weil sie in einem Belagerungszustand leben. Es ist bezeichnend für das Machtverhältnis zwischen Männern und Frauen, daß die Opfer flüchten und sich verstecken müssen, während die Täter frei sind und die eigene Wohnung für sich haben. Die Frauen müssen immer damit rechnen, daß die Männer ihnen auflauern. Wir alle leben ständig in erhöhter Spannung und Wachsamkeit." (Eine Mitarbeiterin des Grazer Frauenhauses.)

Trotz aller Vorsichtmaßnahmen können Gewalttaten vor und im Frauenhaus nicht immer verhindert werden. So wurden in Wien zweimal Frauen von ihren Männern, die ins Haus eingedrungen waren, mit dem Messer schwer verletzt. Fehlende finanzielle Mittel für bessere Schutzeinrichtungen sind in diesem Bereich besonders schwerwiegend.

Gemeinsames Leben

Alle Häuser sind so ausgestattet, daß Frauen und Kinder in einer großen Gemeinschaft leben. Überall gibt es große Küchen, Aufenthalts- und Wirtschaftsräume, die von allen benutzt werden. Für die Kinder sind eigene Spielräume eingerichtet. Die meisten Häuser haben einen Garten oder einen kleinen Hof, um den Kindern wenigstens ein bißchen Bewegungsfreiheit zu ermöglichen.

Platz ist rar
Überall ist es gang und gäbe, daß mehrere Frauen sich mit den Kindern die Wohnräume teilen. Das Zusammenleben von vier bis sieben Personen in einem Raum über Wochen und Monate gehört zum Frauenhausalltag.

Die Mitarbeiterinnen haben meist einen oder zwei Räume zur Verfügung, aber auch diese dienen gleichzeitig als Aufenthaltsraum und erfüllen vielerlei Funktionen. Der Platzmangel entsteht aus dem Prinzip aller Frauenhäuser, jede bedrohte und mißhandelte Frau aufzunehmen.

Solange es zu wenige Frauenhäuser gibt, wirkt sich dieses Prinzip negativ auf die Lebensqualität aus.

Finanzierung

Die gesicherte Finanzierung der Frauenhäuser ist bisher nur bei den beiden Frauenhäusern in Wien erreicht. Dort sind die gesamten Kosten für die beiden Häuser ein fixer Budgetposten. Es gibt einen Vertrag zwischen dem Trägerverein und der Gemeinde Wien (Magistratsabteilung 11, Jugendamt), der die Übernahme der Kosten garantiert. Nur die Höhe muß jährlich ausgehandelt werden.

Alle anderen Finanzierungen erfolgen über zeitlich begrenzte Subventionen, die meist nur die Minimalvoraussetzungen erfüllen, oder erfolgen über das Sozialhilfebudget sowie über die Beiträge der Frauen oder unterhaltspflichtiger Angehöriger.

Vor allem die Finanzierung über das Budget der individuellen Sozialhilfe ist sehr problematisch und den Aufgaben und Zielen der Frauenhäuser entgegengesetzt. Erstens, weil bei dieser Art der Finanzierung die Höhe des zur Verfügung stehenden Budgets von der Anzahl der im Haus lebenden Frauen und Kinder abhängt; die meisten Kosten sind aber Fixkosten. Es kommt daher zu Engpässen in der Finanzierung. Und zweitens, weil die eigentlich den einzelnen Frauen und Kindern zustehende Sozialhilfe dann meist direkt an das Frauenhaus bezahlt wird, die Frauen also kein eigenes Geld zur Verfügung gestellt bekommen. Die damit verbundene Abhängigkeit und Entmündigung läßt sich nicht mit den in der Frauenhausarbeit angestrebten Zielen Selbständigkeit und Eigenverantwortlichkeit der einzelnen Frauen vereinbaren. Drittens schließlich existiert in allen Bundesländern außer in Wien eine Regreßpflicht in der Sozialhilfe. Das bedeutet, daß unterhaltspflichtige Angehörige oder die Frau selbst das erhaltene Geld zurückzahlen müssen. Aus dem Aufenthalt im Frauenhaus entsteht also der Familie eine finanzielle Belastung, die sich sehr negativ auswirkt, besonders, wenn die Frau zum Mann zurückgehen möchte. Man kann diese Regelung durchaus als familienzerstörend bezeichnen.

Alle autonomen Frauenhäuser haben das Prinzip, daß auch Frauen, die keine Geld haben, aufgenommen werden. Bei Frauen ohne eigenes Einkommen und Anspruch auf Sozialhilfe werden die finanziellen Beiträge erlassen oder reduziert. Das bedeutet aber wiederum, daß es im Frauenhaus zu finanziellen Engpässen kommt.

Alle Frauenhäuser finden es äußerst wichtig, daß der Druck durch unzureichende Finanzierung nicht auf dem Rücken der Betroffenen lastet, und fordern ausreichende und gesicherte Finanzierung. Derzeit müssen die fehlenden Mittel in oft mühsamer Kleinarbeit durch Spenden, Mitgliedsbeiträge, Sammelaktionen, Erlöse von Flohmärkten und Veranstaltungen etc. aufgebracht werden. Dies kostet einen beträchtlichen Teil der Energie.

Beispiele der Finanzierung der einzelnen Häuser

Wien

Das Budget 1987 betrug S 10.500.000,– und diente zur Begleichung der Personalkosten und des Sachaufwands. Die Personalkosten setzen sich zusammen aus den Gehältern für achtzehn Mitarbeiterinnen samt Nebenkosten, Ausgaben für Buchhaltung, Kilometergeld, Urlaubsvertretung, Supervision, Jahresnetzkarten für alle Mitarbeiterinnen. Der Sachaufwand umfaßt die Miete und Betriebskosten der beiden Häuser, Energiekosten, Versicherungen, Autospesen für zwei Kleinbusse, Ausgaben für Lebensmittel und Medikamente, Mittel für Instandhaltung, Reparaturen, Neuanschaffungen, Telefon, Post, Büromaterial, Kinderbetreuung, Möbeltransporte und allgemeinen Haushaltsbedarf.

Das Budget ist sehr knapp bemessen, so daß sehr sparsam gewirt-

82

schaftet werden muß. So werden nur selten neue Einrichtungsgegenstände gekauft. Möbel, Geschirr etc. stammen oft aus Spenden. Viele handwerkliche Arbeiten werden von den Mitarbeiterinnen und Bewohnerinnen selbst durchgeführt, um teure Handwerkerkosten zu sparen.

Ausgaben, die nicht durch das Budget gedeckt sind, wie Aushilfen an mittellose Frauen oder Fortbildung für die Mitarbeiterinnen, werden nach Möglichkeit durch Spenden und Mitgliedsbeiträge gedeckt.

Graz

Die Personal- und ein Teil der Sachkosten werden durch Subventionen der Stadt Graz und des Landes Steiermark gedeckt. Um diese muß jährlich angesucht werden.

Stadt Graz:	S 1.235.000, −
Land Steiermark:	S 450.000, −
Subventionen 1987:	S 1.685.000, −

Der Tagessatz pro Frau beträgt S 90, −, pro Kind S 45, −. Wenn die Frau kein Einkommen hat, muß sie um Sozialhilfe ansuchen.

Innsbruck

Land Tirol	S 500.000, −
Land Tirol, Nachtrag	S 50.000, −
Stadt Innsbruck	S 250.000, −
Stadt Innsbruck, Haussanierung	S 30.000, −
Subv. für Frauenhaustagung	S 4.199, −
Ministerium für Gesundheit	S 10.000, −
Ministerium f. Umwelt u. Fam.	S 73.000, −
Arbeitskammer	S 15.000, −
Sozialministerium	S 60.000, −
Subventionen 1987:	S 992.199, −

Die Ausgaben betragen für 1987 S 1.900.00, −. Die fehlenden Mittel werden durch die Beiträge der Frauen, Tagsatzzahlungen des Sozialamtes, Arbeitsmarktförderung, Spenden, Zinsen, Spendeneinnahmen durch den Verkauf einer Broschüre und Mittel aus der Förderung von Familienberatungsstellen gedeckt. (Seit 1983 ist dem Frauenhaus eine Familienberatungsstelle angeschlossen.)

Wels

StadtWels: S 200.000,–
Land Oberösterreich: S 400.000,–

Subventionen 1987:   S 600.000,–

Die Restfinanzierung erfolgt aus Spenden und Beitragszahlungen der Frauen. Die Beiträge enthalten **nicht** die Verpflegung und betragen S 60,– pro Tag für eine Frau alleine bzw. S 85,– mit einem Kind und S 100,– ab zwei Kindern.

Mödling

Das Budget für das Jahr 1987 betrug insgesamt S 1.218.000,–. Die Finanzierung des Hauses erfolgt zum größten Teil – S 950.000,– werden so aufgebracht – durch das Land Niederösterreich, und zwar auf Tagsatzbasis. Das Haus bekommt pro Frau S 238,– und pro Kind S 120,– pro Tag für den Aufenthalt.

Die restliche Finanzierung erfolgt über Spenden, Mitgliedsbeiträge, Zuschuß des Landes NÖ für Investitionen, Förderung des Sozialministeriums und einer Subvention des Landes NÖ.

Öffentlichkeitsarbeit

Alle Frauenhäuser bezeichnen die Öffentlichkeitsarbeit als einen wichtigen Bereich der Frauenhausarbeit. Frauenhäuser alleine genügen nicht, die Einstellung und das Verhalten müssen verändert werden. Langfristig ist es das Ziel der Frauenhäuser, sich überflüssig zu machen. Zugleich ist dies aber auch ein Bereich, der zu kurz kommt, da die unmittelbare Arbeit in den Frauenhäusern Vorrang hat und auch hier nicht genug Arbeitskapazität vorhanden ist. Trotzdem gibt es eine Vielzahl von Aktivitäten.

Kontakte zu verschiedenen Einrichtungen

Institutionen, mit denen die Frauenhäuser zusammenarbeiten, sind beispielsweise Jugendämter, Sozialämter, Polizei. Gerichte und andere soziale Einrichtungen. Das Kontakthalten mit ihnen dient zur Information über die Häuser und zum Erfahrungsaustausch sowie zur Abklärung von Möglichkeiten und Schwierigkeiten der Zusammenarbeit.

In Wien wurde heuer ein Informationsblatt für Frauen, die Opfer von Gewaltdelikten werden, herausgegeben. Dieses entstand in Zusammenarbeit von Polizei, Notruf für vergewaltigte Frauen und Frauenhäusern und wird in allen Wachstuben, in Spitälern, bei Ärzten, auf Ämtern etc. aufliegen.

Informationsveranstaltungen

An Sozialakademien sind sie zum fixen Bestandteil der Frauenhausarbeit geworden. Aber auch engagierte Lehrer an Universitäten, mittlere und höhere Schulen, Berufsschulen, Kindergartenseminare, Jugendzentren, Mütterrunden etc. laden Frauenhausmitarbeiterinnen ein, um über ihre Arbeit zu berichten. Besonders die Auseinandersetzung mit Kindern und Jugendlichen ist sehr wichtig, um langfristig eine Veränderung zu erreichen. Auf Grund des schon erwähnten Mangels an Arbeitskräften kann auch hier nur ein Teil geleistet werden. Wir informieren, wenn wir eingeladen werden, haben aber keine Zeit, um aktiv und systematisch vorzugehen.

Heuer im Herbst werden in Wien erstmals Mitarbeiterinnen an der Schulung von Polizeibeamten teilnehmen.

Medienarbeit

In den letzten Jahren wurden Kontakte zu interessierten Journalisten aufgebaut. Diese sind immer wieder bereit − von sich aus oder auf Initiative der Frauenhäuser − über das Problem und die Arbeit zu berichten. Ansonsten ist die Entwicklung leider so, daß nach der Anfangsphase der Eröffnungen Frauenhäuser für die meisten Medien nur mehr interessant sind, wenn etwas Spektakuläres passiert ist (z. B. eine Serie von Morden an Frauen). Um diesem Sensationsjournalismus entgegenzuwirken, versuchen wir, aktive Medienarbeit in Form von Presseinformationen und Pressekonferenzen zu machen.

Mitwirkung an Veranstaltungen

Im Herbst 1987 nahm eine Mitarbeiterin aus Wien am internationalen Kolloquium über Gewalt des Europarates in Straßburg teil, dort wurden Maßnahmen und Richtlinien zur Bekämpfung von Gewalt erarbeitet.

Zusammenarbeit der österreichischen Frauenhäuser

Seit ihrem Bestehen gibt es eine rege Zusammenarbeit aller autonomen österreichischen Frauenhäuser. Mindestens ein-, zweimal im

Jahr finden gemeinsame Tagungen statt, Erfahrungen werden ausgetauscht und gemeinsame Aktivitäten geplant und durchgeführt. Dieser Zusammenschluß ist sehr wichtig und stärkt die Stellung der Frauenhäuser.

Heuer wurde — aus Anlaß des zehnjährigen Bestehens der Frauenhäuser — die „Aktionsgemeinschaft der autonomen Frauenhäuser Österreichs" gegründet. Diese plant für Oktober bundesweite Aktionen zum Thema Gewalt gegen Frauen.

Auch an internationalen Tagungen nehmen Frauenhausmitarbeiterinnen immer wieder teil, zuletzt an einer europaweiten Tagung in Rom.

Syliva Löw

DIE MITARBEITERINNEN

Motivation

Jene Frauen, die schon in der Aufbauphase dabei waren, kamen vor allem durch die Frauenbewegung oder über die Sozialakademie mit dem Projekt Frauenhaus in Kontakt. Im gesamten gesehen knüpften die meisten ihre Kontakte über eine Freundin oder Bekannte, die schon im Frauenhaus oder im Projektstadium tätig war. Einige wenige setzten sich ohne jegliche Vermittlung über die Notrufnummer mit dem Frauenhaus direkt in Verbindung. Drei waren ehemalige Bewohnerinnen eines Frauenhauses.[1]

Der Einstieg für die „Anfangsfrauen" war durch freiwillige, also unbezahlte Mitarbeit an einem Projekt gekennzeichnet, dessen Verwirklichung längere Zeit sehr ungewiß war. Die später hinzukommenden Mitarbeiterinnen hatten fast alle schon vor ihrer Anstellung im Frauenhaus mitgearbeitet, entweder als freiwillige Mitarbeiterin (bis 1983), als Urlaubsvertretung oder als Praktikantin. Bei den allerwenigsten fielen die erste Kontaktaufnahme mit dem Frauenhaus und die Anstellung zeitlich zusammen.

Befragt über ihre Motivation, gibt keine der Mitarbeiterinnen nur einen einzigen Beweggrund an, der ausschlaggebend für ihre Mitarbeit gewesen wäre. Bei allen spielen mehrere Faktoren in verschiedener Intensität zusammen. Es handelt sich also um einen komplexen Bereich, der selbst von manchen Mitarbeiterinnen schwer aufzugliedern war. Aus den vielen Angaben lassen sich fünf Hauptfaktoren unterscheiden:

- allgemeines Interesse an der Frauenproblematik,
- persönliche Betroffenheit in bezug auf Gewalt gegen Frauen,
- Unzufriedenheit mit der eigenen Berufssituation,
- alternative Arbeitsweise im Frauenhaus (im Gegensatz zur Arbeitsweise in den traditionellen sozialen Institutionen),
- die Möglichkeit, ein neues Projekt mitaufzubauen.

Das Interesse an der *Frauenproblematik* ist allen Mitarbeiterinnen gemeinsam, geweckt durch die Frauenbewegung, durch persönliche oder berufsbedingte Erfahrungen. Die zunehmende Auseinandersetzung mit Frauenfragen führte bei den meisten zum Wunsch, in dieser Auseinandersetzung aktiv zu werden, nicht nur zu theoretisieren, sondern „selbstgewonnene Einsichten vielen Frauen weitergeben zu können" (eine Mitarbeiterin).

Auch die *persönliche Betroffenheit* spielt bei vielen Mitarbeiterinnen eine große Rolle, wobei diese Betroffenheit unterschiedliche Ausmaße aufweist. Sie reicht von der eigenen Erfahrung mit täglich ausgeübter Gewalt, dem Erleben massiver Gewalt gegen den eigenen Körper, bis zur erlebten Hilflosigkeit bei massiver Gewaltanwendung an anderen Frauen (Verwandte, Freundinnen, Klientinnen). Hierzu einige Zitate: „...ein Gebiet, das mich persönlich als Frau betrifft..." „Ich erlebte tagtäglich, daß Frauen den kürzeren ziehen." „Ich wurde mit prügelnden Ehemännern im eigenen Verwandtschaftskreis konfrontiert." Den ehemaligen Bewohnerinnen eines Frauenhauses ist es wichtig, die eigene Erfahrung weiterzugeben und den Frauen „durch bessere Kenntnis der Problematik direkt zu helfen".

Die *Unzufriedenheit mit der eigenen Berufssituation* wurde vorwiegend von Mitarbeiterinnen erwähnt, die schon vor der ersten Befragung (Jänner 1983) in die Frauenhausarbeit eingestiegen waren. Viele hatten Erfahrungen mit traditionellen Institutionen gemacht und lehnen deren Arbeitsweise in ihren starren hierarchischen Strukturen und mit ihrem „Fürsorgecharakter" ab: „Die hierarchischen Strukturen, der autoritäre Umgangsstil mit den Klienten, die ohnehin für unmündig erklärt werden, die ineffektive Arbeit, keine Erfolgserlebnisse, all das trug zu meiner Unzufriedenheit bei".

Auch für frische Absolventinnen der Sozialakademie war die Sozialarbeit, die dort gelehrt wurde, abzulehnen: „...eine Sozialarbeit, die Feuerwehrcharakter hat, die Wunden verbindet und flickt". Einige Mitarbeiterinnen hatten einfach genug von der Theorie im Studium und wollten endlich in einer sinnvollen Weise praktisch tätig sein.

Eng verbunden mit der Unzufriedenheit mit Arbeit oder Studium auf der einen Seite ist auf der anderen Seite die Faszination, die die *Arbeitsmöglichkeiten des Frauenhauses* auf alle Mitarbeiterinnen ausübt. Vor allem die 1983 befragten Mitarbeiterinnen geben an, daß für sie die Teamarbeit, die Kontrolle durch das Kollektiv, die unbürokratische Arbeitsweise, die Selbstbestimmung in der Arbeit sowie die Aussicht, nur mit Frauen arbeiten zu können, die Arbeit im Frauenhaus interessant gemacht habe, ebenso die grundlegend andere Einstellung zur Sozialarbeit, nach der nicht *für* die Frauen, sondern *mit* den Frauen gearbeitet wird, also Hilfe zur Selbsthilfe angeboten werden soll.

Auch die Vielfältigkeit der Arbeit wird von einigen Mitarbeiterinnen angeführt sowie die Möglichkeit, mit der Arbeit im Frauenhaus real etwas an den herrschenden Gewaltstrukturen zu ändern: „Ich wollte etwas verändern und sah im Frauenhaus eine politische Aufgabe und Arbeit".

Einige neue Mitarbeiterinnen (Einstieg nach 1983) heben die im Vergleich zu anderen Institutionen besseren Arbeitsbedingungen im Frauenhaus hervor (flexible Arbeitszeit, mehr Verdienst).

Für die sechs „Anfangsfrauen" war die Möglichkeit, ein *neues Projekt mitaufzubauen*, von besonderer Bedeutung. Sie hatte bei der Motivation dieser Mitarbeiterinnen großes Gewicht und überwog sogar die Unsicherheit, ob das Projekt auch wirklich zustandekommen und man eine Anstellung bekommen würde. Die Idee, ein neues, in Österreich noch nie dagewesenes Projekt aufzubauen, ein Konzept zu erarbeiten und darin alternative Gedanken zu verwirklichen, machte für diese Frauen einen großen Teil der Motivation aus.

Anmerkungen

[1] Diese und die folgenden Angaben stammen aus zwei Mitarbeiterinnenbefragungen an den beiden Wiener Frauenhäusern, durchgeführt 1983 und 1988.

Arbeitssituation

Der Einstieg

Für die von Anfang an (1978) im Frauenhaus tätigen Mitarbeiterinnen stellte sich neben dem Wunsch, in einer Gruppe gleichberechtigt und ohne Arbeitsteilung zu arbeiten, vor allem das Problem der Konstituierung einer arbeitsfähigen Gruppe und eines realistischen Konzeptes. Rückblickend geben einige dieser Mitarbeiterinnen an, zu hohe Idealvorstellungen und Ansprüche an sich selbst, an die Arbeit und an die Frauen gehabt zu haben.

Für die später, jedoch vor 1983 hinzugekommenen Mitarbeiterinnen war die Anfangssituation eine ganz andere. Als wichtigste Elemente werden durchwegs die realen Arbeitserfordernisse unddie Integration in die bereits bestehende Gruppe von Mitarbeiterinnen angeführt. Erlebnismäßig bestehen sehr große Unterschiede bezüglich dieser beiden Punkte. Die Integration in die bestehende Gruppe war für die neu Hinzukommenden nach eigenen Angaben „leicht und problemlos" bis „äußerst schwierig". Obwohl nur wenige Mitarbeiterinnen auf extrem ungünstige Gruppenbedingungen gestoßen sind, wird eine gewisse Unsicherheit, Schüchternheit oder Nervosität in bezug auf die bestehende Arbeitsgruppe fast durchwegs angegeben.

Den Angaben nach scheint der Einstieg in die konkrete Arbeit emotional weniger belastend gewesen zu sein als die Integration in die Gruppe. Eine einzige Mitarbeiterin gibt an, unter Leistungsstreß gestanden zu sein. Nicht-Sozialarbeiterinnen fanden genügend Unterstützung bei anfänglichen Wissenslücken.

Mitarbeiterinnen, die nach 1983 neu angefangen haben, bezeichnen ihren Einstieg vorwiegend als „problemlos, leicht und lustvoll, angenehm, mit guter Einschulung, Begleitung und Unterstützung". Lediglich zwei sprechen von einem chaotischen und hektischen Einstieg ohne Einschulung, nur eine Mitarbeiterin erwähnt ihre Unsicherheit in bezug auf das Team.

Trotz des Vorwissens um Gewalt geben einige Mitarbeiterinnen an, anfänglich vom realen Ausmaß der Gewaltanwendung, das sie durch die Frauenhausarbeit erlebten, schockiert gewesen zu sein.

Die Arbeitszufriedenheit

Bei der ersten Befragung im Jänner 1983 sprechen die Mitarbeiterinnen, die seit 1978 dabei sind, von Abnützungserscheinungen, von zu hohen Ansprüchen, die realistischeren Betrachtungsweisen der Möglichkeiten hätten weichen müssen, sind aber im allgemeinen zufrieden mit der Arbeitssituation.

Die vier „Neulinge" im Team erleben sich als gut eingearbeitet, fühlen sich wohl und sprechen dem gemeinsamen Reflektieren der Arbeit im Team große Bedeutung zu. Bestehende Unsicherheiten sind: Strukturierung der Arbeit, Abgrenzung.

Jene Mitarbeiterinnen, die nach der Gründung des Frauenhauses eingestiegen sind, aber nicht mehr als „Neulinge" bezeichnet werden können, äußern sich am wenigsten positiv über die momentane Arbeitssituation. Es fallen durchwegs Bezeichnungen wie „verbraucht, unfähig, zermürbt, erschöpft, hilflos, müde".

Bei der zweiten Befragung im Mai 1988 findet sich bei den zuletzt angeführten Mitarbeiterinnen vorwiegend ein positiver Grundtenor bezüglich der Arbeitssituation. Sie geben an, sicherer, routinierter und kompetenter als am Anfang zu arbeiten sowie sich im allgemeinen besser abgrenzen zu können. Die Arbeit wird durchwegs als sinnvoll und befriedigend erlebt: „Ich kann mir keine andere Arbeit vorstellen, bei der es mir besser gehen könnte".

Einige bezeichnen ihre Arbeitszufriedenheit als „wechselnd", was neben den genannten positiven Aspekten das Gefühl fallweise „ausgelaugt, genervt, deprimiert und erschöpft" zu sein beinhaltet. Drei Mitarbeiterinnen kritisieren in diesem Zusammenhang das ewige Chaos, den Lärm, die dichte und anstrengende Arbeitssituation, die ständige mühsame Abgrenzung, die fehlende Zeit für wichtige Bereiche wie Kinderarbeit, Intensivbetreuung, Öffentlichkeitsarbeit. Zwei davon wünschen sich mehr Funktionsaufteilung im Team nach Neigung und Kompetenz. Zwei andere Mitarbeiterinnen stellen die Teamarbeit, mangelnde Homogenität und Konflikte im Team als problematisch dar.

Einige Mitarbeiterinnen der „alten Garde" (Einstieg vor 1983) kokettieren mit der Möglichkeit und dem Wunsch nach „was anderem", „was Neuem", nach Veränderung der beruflichen Situation.

Zwei „neue" Mitarbeiterinnen (Einstieg nach 1983) äußern Schwierigkeiten wie nervliche Überbelastung, zu wenig Erfolgserlebnisse, Unsicherheiten in fachlich/rechtlichen Bereichen.

Psychische und körperliche Auswirkungen der Arbeit

Bei der ersten Befragung im Jänner 1983 gaben fast alle Mitarbeiterinnen an, nach Dienstschluß unverhältnismäßig müde und ausgelaugt zu sein und überlange Erholungsphasen zu brauchen. Psychische und körperliche Überforderung durch die langen Dienste und die nie endenwollenden Probleme führen bei einigen Mitarbeiterinnen zu häufigen Erkrankungen, Kopfschmerzen und stark wechselnder körperlicher Allgemeinverfassung. Fast allen fällt es schwer, nach der Arbeit „abzuschalten", sie fühlen sich meist angespannt und unausgeglichen.

Bei der zweiten Befragung 1988 fühlen sich fast alle Mitarbeiterinnen, die schon 1983 befragt wurden, viel stabiler als früher, weniger krankheitsanfällig, innerlich ruhiger und gelassener, können ihre

Kräfte gut einschätzen und rechtzeitig „zurückschrauben". Zwei äußern Beeinträchtigungen wie „Kreuzschmerzen vom Tragen, oft müde und kraftlos, Nerven sind nicht mehr die besten".

Von den nach 1983 eingestiegenen Mitarbeiterinnen finden die meisten keine Veränderungen durch die Arbeit, eine fühlt sich ausgeglichener als früher. Eine einzige berichtet von fallweisen psychosomatischen Störungen bei Überbelastung, eine andere meint, „die Arbeit raubt psychische Kräfte, die mir dann zur Bewältigung von eigenen Problemen fehlen".

Auffallend ist, daß der Arbeitseinstieg für die Gruppe nach 1983 um vieles problemloser und angstfreier war als für die Gruppe vor 1983. Die wenigsten stellen – im Gegensatz zur „alten Garde" – körperliche oder psychische Veränderungen fest, und die Arbeitssituation im Mai 1983 ist weitgehend zufriedenstellend bei den neuen Mitarbeiterinnen, homogener und weniger vom Team abhängig.

Eine Erklärung dafür ist sicher die größere Routine und Sicherheit im Frauenhausbetrieb allgemein, die die neuen Mitarbeiterinnen nach 1983 vorgefunden haben. Sie konnten von der Erfahrung der „alten" profitieren, was vor 1983 nicht möglich war. Außerdem ist das Durchschnittsalter der Mitarbeiterinnen im gesamten gestiegen, und vor allem das der neu hinzugekommen, die dadurch einen ganz anderen persönlichen Erfahrungsbereich für die Arbeits- und Teamsituation mitgebracht haben als die relativ jungen Mitarbeiterinnen der ersten fünf Jahre.

Soziales Umfeld

In den ersten Jahren wurden die meisten Frauenhaus-Mitarbeiterinnen hinsichtlich ihrer Tätigkeit wenig ernst genommen. Dies änderte sich jedoch mit zunehmendem Bekanntheitsgrad der Frauenhäuser und der dahinterstehenden Probleme.

Zehn Jahre danach berichten die Mitarbeiterinnen der „alten Garde" (vor 1983) durchwegs von positiven Reaktionen aus ihrem Bekanntenkreis, weiterem oder zunehmendem Interesse, auch der Männer. Außerdem wird die Arbeit im Frauenhaus nicht mehr als solche Besonderheit erlebt wie am Anfang.

Die nach 1983 angestellten Mitarbeiterinnen sind in ihrer Arbeit noch nicht durchwegs von ihrem Umfeld akzeptiert; Bekannte und

Verwandte zeigen auch Befremdung, Ablehnung oder Belustigung. Das Unverständnis wird eher von Männern einerseits und von Verwandten andererseits berichtet. Einige geben an, weitgehend positive Reaktionen zu erleben.

Die Anfangsphase der Mitarbeit führte bei einigen Frauen zu vermehrtem Kontakt mit Kolleginnen, das Thema „Frauenhaus" war ständig aktuell, Freizeit und Arbeit waren sehr vermischt. Diese Frauen berichten jetzt wieder von einem abgegrenzten Privatbereich, in den sie sich von der Arbeit zurückziehen.

Einige Mitarbeiterinnen von vor 1983 erleben sich als zurückgezogener und weniger gesellig als früher, eine hat wenig Kontakt mit Männern. Für die neueren Mitarbeiterinnen sind die Kontakte von früher weitgehend gleichgeblieben.

Überlegungen zum Gewaltbegriff

Die Frauenhausmitarbeiterinnen sind nach ihren Angaben durch die Arbeit zu einem viel umfassenderen Begriff von Gewalt gekommen, als sie ihn vorher hatten, sind sensibler geworden auf subtile Formen der Gewalt und Unterdrückung im täglichen Leben, denen Frauen auf verschiedensten Ebenen ausgesetzt sind. Der Hauptakzent der Anfangszeit auf die körperliche Gewalt hat sich nach verschiedenen Seiten verschoben:

„Ich habe in der letzten Zeit oft psychische Gewalt als viel schrecklicher empfunden als die körperliche Gewaltanwendung." – „Gewalt an Frauen fängt für mich jetzt viel früher an als erst bei körperlicher Mißhandlung." – „Klarer geworden ist mir auch, daß Gewalt gegen Frauen ein sehr komplexes System ist (materielle, strukturelle Gewalt der Gesellschaft) und daß die/wir Frauen in diesem System auch durchaus mitspielen."

Das letzte Zitat schneidet einen wichtigen und für die Mitarbeiterinnen auch schmerzhaften Punkt der Überlegungen zum Gewaltbegriff an. Auch wenn die Frauen Opfer dieser Gewaltsysteme sind, folgt daraus nicht, daß sie diese automatisch erkennen, ablehnen und sich standhaft weigern, weiterhin mitzuspielen. Erfahrungen wie die folgenden tun weh und sind enttäuschend:

„Frauen können zum Teil nur Opferrollen übernehmen, weil sie nie etwas anderes gelernt haben." – „Einige Frauen sind nicht prinzipiell gegen Gewalt, sondern lehnen sie nur dann ab, wenn sie gegen ihre eigene Person gerichtet ist."

Demzufolge fällt es den Mitarbeiterinnen auch schwer, mit Gewalt innerhalb des Frauenhauses umzugehen, vor allem mit der Gewalt gegen Kinder, die die Mitarbeiterinnen immer wieder in Resignation und Perspektivelosigkeit fallen läßt. „Es gelingt auch kaum, sie (die betreffenden Frauen) davon zu überzeugen, daß sie dadurch die nächste Generation züchten, die nicht besser sein kann als unsere."

Neben dem Kampf gegen die direkte Gewalt der Männer und die strukturelle Gewalt in der Gesellschaft gewinnt das Bemühen um die persönliche Befreiung aus dem Gewaltsystem immer mehr an Bedeutung. Einige Mitarbeiterinnen betonen die Wichtigkeit, positive Kräfte und Energien der Frauen zu mobilisieren, die Hintergründe und die eigenen Anteile an den Gewaltverhältnissen zu entdecken und zu bearbeiten und „die psychischen Hemmnisse, die Emanzipationsprozesse bei uns allen blockieren" zu beseitigen. – Alles andere als einfach, denn „wie stark wir traditionelle Rollenbilder verinnerlicht haben, ist erschreckend", meint eine langjährige Mitarbeiterin.

Die konkrete Arbeitssituation ist für die Mitarbeiterinnen in den verschiedenen Frauenhäusern Österreichs je nach Konzept und Ausstattung verschieden. Sie soll im folgenden kurz dargestellt werden:

Die Wiener Mitarbeiterinnen

Alle Mitarbeiterinnen sind Angestellte des Trägervereins (Privatangestellte). Bis auf eine Mitarbeiterin ist niemand Vereinsmitglied. Die Mitarbeiterinnen nehmen aber an allen Vereinsversammlungen teil.

Mehr als die Hälfte ist gewerkschaftlich organisiert, jedes Team hat zwei Betriebsrätinnen, die sehr engagiert und aktiv sind und die Mitarbeiterinnen gut vertreten.

Seit 1983 besteht zwischen Verein, Angestellten und Gemeinde Wien eine Betriebsvereinbarung, in der auch inhaltliche Grundsätze verankert sind wie die Teamarbeit, die Selbstbestimmung des Teams, was die Inhalte der Arbeit betrifft, und das Mitentscheidungsrecht bei Anstellungen und Kündigungen.

Die klare Festlegung von Rechten und Kompetenzen in der Betriebsvereinbarung war eine wichtige Voraussetzung für gute Zusammenarbeit der drei Gruppen – Gemeinde, Verein und Mitarbeiterinnen.

Der Verein verfügt über ein eigenes Büro. Dort arbeitet die Geschäftsführerin des Vereins. Ihre Hauptaufgaben sind die Verwaltung des Geldes und der Kontakt zum Geldgeber, der Gemeinde Wien, sowie die Vereinsarbeit. Die Zusammenarbeit von Geschäftsführerin und Mitarbeiterinnen ist intensiv und gut. Die Geschäftsführerin ist daher auch ein wichtiges Bindeglied zwischen Verein und Mitarbeiterinnen.

In den Wiener Frauenhäusern arbeiten insgesamt siebzehn fix angestellte Mitarbeiterinnen (acht im ersten und neun im zweiten Haus). Im ersten Frauenhaus geht der Dienst rund um die Uhr. Im zweiten Frauenhaus wurden 1986 nach langer intensiver Vorbereitungsarbeit die Nachtdienste auf Bereitschaftsdienste umgestellt: Während der Woche ist bis 22 Uhr eine Mitarbeiterin im Haus, am Wochenende bis 20 Uhr. In der Nacht machen die Bewohnerinnen selbst Telefon- und Türdienst. Für diese Arbeit werden sie von den Mitarbeiterinnen sorgfältig eingeschult, sie ist Bestandteil der Arbeit, an denen sich die Frauen im Haus beteiligen. Eine Mitarbeiterin ist immer telefonisch oder über „Piepserl" erreichbar und kommt ins Haus, wenn etwas Besonderes los ist.

Diese Veränderung hat sich als sehr positiv erwiesen. Die Bewohnerinnen fühlen sich mehr für das Haus verantwortlich und wissen besser Bescheid. Die Mitarbeiterinnen sind dafür tagsüber mehr im Haus und arbeiten zu zweit oder zu dritt. Entscheidend für das Gelingen der Umgestaltung war sicher auch, daß sie aus dem Prozeß im Haus und auf Initiative der Mitarbeiterinnen entstanden ist und nicht von außen gefordert wurde (z. B. auf Grund von Geld- und Personalmangel).

Die Mitarbeiterinnen sind sehr zufrieden mit der jetzigen Gestaltung der Dienste. Der Anfang war aber nicht ganz einfach: „Die Umwandlung der Nacht- in Bereitschaftsdienste war für mich ein wichtiger emanzipatorischer Schritt. Er bedeutet wirklich, Verantwortung zu teilen. Theoretisch fand ich das schon immer gut, in der Praxis ging es mir ein bißchen wie den Eltern, die das erste Mal ihr Kind über Nacht alleine lassen." (Eine Mitarbeiterin.)

Neben den fixen Mitarbeiterinnen arbeiten immer wieder Frauen im Akademiker- oder Absolcententraining mit, meist im Bereich Kinderbetreuung.

Eine pensionierte Kinderärztin, die auch im Verein sehr aktiv ist, kümmert sich regelmäßig und unentgeltlich um das Wohl der Kinder.

Darüber hinaus gibt es keine ehrenamtliche Mitarbeit. Die Mitarbeiterinnen sind der Meinung, daß Arbeit im Frauenhaus gesellschaftlich notwendige Arbeit ist und bezahlt werden muß. Es sollen nicht schon wieder Frauen unbezahlte Sozialarbeit leisten.

Alle Mitarbeiterinnen arbeiten gleichberechtigt im Team und verdienen gleich viel.

Vierzehntägig findet eine Gruppensupervision statt. Darüber hinaus gibt es die Möglichkeit einer bezahlten Einzelsupervision, deren Ausmaß von der Länge des Dienstverhältnisses abhängt (im ersten Dienstjahr vierzehntägig, dann einmal im Monat).

Für Fortbildung stehen jeder Mitarbeiterin zehn Arbeitstage pro Jahr zur Verfügung.

Die Grazer Mitarbeiterinnen

Sieben Mitarbeiterinnen (fünf Ganztags- und zwei Halbtagsstellen) arbeiten im Turnus (Nacht-, Sonn- und Feiertagsdienste). Eine Nacht pro Woche machen die Bewohnerinnen selbst Nachtdienst, eine Mitarbeiterin hat Bereitschaftsdienst.

Seit 1983 sind die Mitarbeiterinnen gewerkschaftlich organisiert und haben eine Betriebsrätin sowie eine Betriebsvereinbarung.

Die Mitarbeiterinnen nehmen an den monatlichen Vorstandssitzungen teil und haben Mitspracherecht.

Alle 3 Wochen steht dem Team eine Supervision zur Verfügung. Seit 1983 gibt es ein an das Frauenhaus angegliedertes Wohnprojekt für Frauen: Sechs Wohneinheiten wurden von der Stadt Graz als Übergangswohnmöglichkeit für Frauen aus dem Frauenhaus zur Verfügung gestellt. Diese Wohnungen werden ebenfalls von den Mitarbeiterinnen betreut.

Die Innsbrucker Mitarbeiterinnen

Das Team besteht aus sieben Mitarbeiterinnen (vier arbeiten zwanzig Wochenstunden, drei fünfzehn). Von Montag bis Freitag (8 bis 22 Uhr) und je sechs Stunden an Samstagen und Sonntagen arbeiten die fixen Mitarbeiterinnen. Für die Nachtdienste gibt es die soge-

nannten „Nachtdienstfrauen", diese erhalten pro Nachtdienst ein Honorar.
Buchhaltung und Kassaführung werden von zwei unbezahlten Mitarbeiterinnen erledigt.

Seit 1986 arbeitet eine angestellte Kindergärtnerin im Haus, daneben gibt es Honorarkräfte, die Kinderdienst machen.

Fehlendes Geld für bezahlte Kräfte muß teilweise durch „freiwillige Engel" ersetzt werden. Sie sind rar, aber es gibt sie. Sie erledigen Großeinkäufe, begleiten zu Gerichtsterminen, holen Sachen aus der Wohnung usw.

Sämtliche Mitarbeiterinnen, Team-, Nachtdienst-, Kinderfrauen, Buchhalterinnen und „freiwillige Engel" sind gleichzeitig Vereinsmitglieder. Sie alle treffen sich regelmäßig und entscheiden gemeinsam (mit unterschiedlicher Gewichtung je nach Rolle und Kompetenz).

Da der Verein die Mitarbeiterinnen anstellt, sind sie also zugleich Arbeitgeberinnen und Arbeitnehmerinnen. Dies bringt spezifische Schwierigkeiten mit sich, bedeutet aber auch große Homogenität und Verantwortlichkeit jeder einzelnen für das gesamte Projekt.

Die Linzer Mitarbeiterinnen

1987 wurde der unabhängige Trägerverein des Frauenhauses aufgelöst und das gesamte Mitarbeiterinnenteam gekündigt. Grund für diese Entwicklung war das schon von Beginn an schwierige Verhältnis zwischen Team und Verein – Rechte und Kompetenzen von Mitarbeiterinnen und Verein waren nicht klar verteilt und festgelegt worden. Dadurch kam es – ausgelöst durch finanzielle Schwierigkeiten und unterschiedliche Vorstellungen über die Errichtung eines neuen Hauses – zu schweren Konflikten zwischen den beiden Gruppen, die damit endeten, daß der Verein seine rechtlich stärkere Position nutzte: der unabhängige Verein wurde aufgelöst, das Frauenhaus durch die Volkshilfe übernommen, die Mitarbeiterinnen zunächst zu schlechteren Bedingungen und befristet wieder eingestellt und schließlich – bis auf eine – ganz gekündigt.

Diese bedauerliche Entwicklung, die bei den langjährigen Mitarbeiterinnen und auch bei den Mitarbeiterinnen der übrigen Frauenhäuser große Wut und Enttäuschung auslöste, zeigt einmal mehr, wie wichtig gerade in einem autonomen Projekt klare Strukturen und rechtliche Regelungen sind.

Die derzeitige Konstruktion des Frauenhauses kann nicht mehr als autonom bezeichnet werden. Die Vorstandsfrauen sehen das etwas anders: „Aus Gründen der finanziellen Existenzsicherung wurde das Frauenhaus nach langen Überlegungen der Volkshilfe als eigene Bezirksgruppe angeschlossen. An der Zusammensetzung des Vorstandes des Frauenhauses hat sich durch diese neue Trägerschaft nichts geändert. Er ist bis auf die Finanzhoheit weiterhin autonom und trifft Entscheidungen selbständig." (Eine Linzer Vorstandsfrau.)

Das Team besteht zur Zeit aus vier hauptamtlichen Mitarbeiterinnen, eine weitere wird gesucht. Es gibt eine Geschäftsführerin, die ihr Büro im Haus hat und mit bestimmten Kompetenzen ausgestattet ist, die sowohl die Verwaltung als auch das Leben im Haus betreffen (z. B. Mithilfe bei der Überprüfung der Einhaltung der Hausordnung im Einvernehmen mit den Sozialarbeiterinnen).

Der Dienstplan wird vom Team erstellt. An Wochentagen ist zwischen 7 und 22 Uhr, an Samstagen zwischen 8 und 17 Uhr und an Sonn- und Feiertagen zwischen 10 und 16 Uhr Normalarbeitszeit. Die Nachtdienste sind ehrenamtlich besetzt und werden von der Geschäftsführerin eingeteilt. Wenn das Haus an Wochenenden teilweise unbesetzt ist, macht eine Hausbewohnerin Telefondienst, und ein Vorstandmitglied bzw. die Geschäftsführerin ist in Rufbereitschaft.

Die Aufgaben im Haus werden in gleicher Weise von allen hauptamtlichen Mitarbeiterinnen wahrgenommen. Jede Mitarbeiterin ist dem Team gegenüber verantwortlich. Im Rahmen der wöchentlichen Teambesprechungen werden die Aufgaben besprochen und koordiniert.

Derzeit kommt einmal wöchentlich eine Spielpädagogin ins Haus.

Die Administration wird grundsätzlich von der Geschäftsführerin gemacht.

Im Nachtdienst arbeiten zur Zeit fünfzehn Mitarbeiterinnen, größtenteils unentgeltlich. Diese Übergangslösung soll geändert werden, sobald die finanzielle Situation sich verbessert hat.

Die Klagenfurter Mitarbeiterinnen

Zwei Mitarbeiterinnen arbeiten ganztags, drei halbtags und eine 30 Stunden im Turnusdienst. Eine der Halbtagskräfte ist Kindergärtnerin. Der Dienstplan wird von den Mitarbeiterinnen selbst erstellt.

Ehrenamtliche Mitarbeiterinnen unterstützen das Frauenhaus durch stundenweise Telefondienste, die Übernahme von Feiertagsdiensten und Nachtdiensten sowie Fahrten für Frauen. Teamsitzungen finden wöchentlich statt. Außerdem hat das Team zweimal im Monat Supervision.

Für Einstellung, Kündigung und Entlassung der hauptamtlichen Mitarbeiterinnen ist der Vorstand zuständig; bei Aufnahme oder Ablehnung einer hauptamtlichen Mitarbeiterin soll auch das Frauenhausteam beratend mitwirken. Bei Aufnahme oder Ablehnung ehrenamtlicher Mitarbeiterinnen entscheidet das Team.

Die Bezahlung der hauptamtlichen Mitarbeiterinnen soll so geregelt werden, daß sie für gleiche Tätigkeit ohne Berücksichtigung ihrer Ausbildung die gleiche Bezahlung erhalten.

Die Welser Mitarbeiterinnen

Das Personal besteht aus zwei ganztägigen Mitarbeiterinnen, einer mit 30 Stunden, einer Honorkraft mit 15 Stunden, einer freiwilligen Mitarbeiterin und einer Therapeutin. Daneben gibt es fachbegleitende Dienste: eine Juristin, eine Ärztin, eine Psychologin.

Wöchentlich erfolgen Teamsitzungen mit Fallbesprechungen für die hauptamtlichen Mitarbeiterinnen. Einmal im Monat ist Supervision, wöchentlich finden Fallbesprechungen mit der Psychologin statt.

Die Entscheidungskompetenz der Mitarbeiterinnen soll prinzipiell gleichwertig sein; für bestimmte Aufgabenbereiche kann die Kompetenz jedoch nach gemeinsamer Entscheidung verteilt werden.

Es gibt eine geschäftsführende Leiterin und eine pädagogische Leiterin.

Die ehrenamtliche Mitarbeiterin wird nur in der Verwaltung eingesetzt.

Die Obfrau des Vereins und die Beirätin sind zugleich Mitarbeiterinnen des Teams.

Bürozeiten sind Montag bis Freitag von 9 bis 17 Uhr, Wochenendbereitschaftsdienst jeweils von 9 bis 22 Uhr, unter der Woche Bereitschaftsdienst von 17 bis 22 Uhr über Telefonanlage mit Funk.

Die Mödlinger Mitarbeiterinnen

Das Team besteht derzeit – Juni 1988 – aus drei Mitarbeiterinnen. Diese arbeiten gleichberechtigt miteinander, wobei jede Mitarbeiterin einen Arbeitsbereich als Schwerpunkt hat (Geschäftsführung, Intensivbetreuung, Kinderbetreuung).

Das Haus ist während der Woche von 8 bis 18 Uhr und am Samstag von 8 bis 14 Uhr besetzt, Sonntag hat eine Mitarbeiterin telefonischen Bereitschaftsdienst. Für die Betreuung des Notruftelefons und die Aufnahme von Frauen außerhalb der Dienstzeiten ist jeweils eine Bewohnerin des Hauses im Rahmen der Aufgabenteilung zuständig.

Die Aufgabenverteilung erfolgt bei der wöchentlichen Hausbesprechung.

Die Mitarbeiterinnen sind Privatangestellte des Vereins, sie sind keine Vereinsmitglieder, werden aber zu den Vereinsversammlungen eingeladen.

Für Einstellung, Kündigung und Entlassung der Mitarbeiterinnen ist alleine der Vorstand zuständig, die Angestellten haben kein Mitspracherecht.

Elfriede Fröschl/Hermine Sieder

DIE BEWOHNERINNEN

Eine Frage, die immer wieder gestellt wird, ist die nach den
Frauen, die ins Frauenhaus kommen. Wer sind diese Frauen? Warum
sind sie nicht viel früher weggegangen? Weshalb haben sie einen gewalttätigen Mann ausgesucht? Mit Frauen, die sich von ihren gewalttätigen Männern getrennt haben, wurden zwei bis drei Jahre nach ihrem Auszug aus dem Frauenhaus Tiefeninterviews durchgeführt. Auf
ihnen beruhen die folgenden Darstellungen.

Erziehung

Die meisten der jetzt erwachsenen Frauen sind von einer traditio-
nell geschlechtsspezifischen Erziehung geprägt, deren Auswirkungen auf ihre Lebensperspektiven nicht zu unterschätzen sind. Zwar
sind die Lebensvorstellungen speziell der sehr jungen Frauen, die in-
terviewt wurden, nicht per se auf Familie ausgerichtet:
Ich wollte auf keinen Fall vor dreißig heiraten (lacht), oder fünfundzwanzig, das war das Minimum,. Kinder auch erst ab fünfundzwanzig, einen guten Job, wo ich viel verdien', ein Auto, eine schöne Wohnung, und
ja nicht zu früh heiraten. Ich wollt' was erleben, z. B. viel herumreisen."
Tatsächlich werden aber keine konkreten Schritte unternommen,
diese Wünsche Realität werden zu lassen. Die Frauen wählen nach
wie vor hauptsächlich traditionelle Frauenberufe mit schlechten Ver-
dienstmöglichkeiten und geringen Aufstiegschancen. „Die ‚Allein-
perspektive Beruf' ist selten zu finden − wohl aber Berufstätigkeit
ohne Perspektive als Massenphänomen. Da diese Perspektivlosig-
keit nicht selten schon am Beginn der Berufslaufbahn steht…wird
die ‚Familienperspektive' umso mehr aufgewertet, erscheint als ‚Alternative' und Refugium."[1]
Die vagen, oft nur klischeehaft vorhandenen Vorstellungen vom
Leben sind also durchaus nicht auf einige wenige Frauen beschränkt.
Alle interviewten Frauen orientieren sich, sobald sie einen Mann
kennenlernen (den sie häufig nicht einmal besonders „lieben"),
hauptsächlich an seinen Bedürfnissen. Sehr schnell wird Beziehung

und Familie zur vorherrschenden Lebensperspektive. Diese Tatsache scheint durch mehrere Faktoren erklärbar zu sein: durch die geschlechtsspezifische Sozialisation, die zur Orientierung an den Bedürfnissen anderer erzieht, die mangelhaften Ausbildungs- und Arbeitsmöglichkeiten (noch immer verdienen Frauen um ein Drittel weniger als ihre männlichen Kollegen, konzentrieren sich auf wenige Ausbildungsberufe mit geringen Chancen am Arbeitsmarkt und schlecht auf ihre Lebenssituation abgestimmten Arbeitszeiten) sowie das Fehlen von konkreten gesellschaftlichen Leitbildern für berufstätige (alleinstehende) Frauen.

Anmerkung

[1] M. Pelz, *Untersuchung über Lebensperspektiven weiblicher österreichischer Jugendlicher,* Wien 1985.

Partnerwahl

Die geschilderten Situationen des Kennenlernens muten eher zufällig an, fast könnte man glauben, die beteiligten Personen seien beliebig austauchbar. Obwohl einige Frauen auch aktiv beim Zustandekommen der Beziehung beteiligt waren, konnte keine sagen, nach welchen Kriterien sie ihren Partner ausgewählt hat und welche Ansprüche und Erwartungen sie an ihn hatte. Diese mangelnden Vorstellungen und das bei vagen Wünschen kaum entwickelte Durchsetzungsvermögen führen zur Dominanz der Männer in der Gestaltung der Beziehung:

„Ich hab' mir früher eigentlich überhaupt nicht überlegt, was ich will, ich hab' halt irgendwen kennengelernt und nach ein, zwei Wochen ist mir dann aufgefallen, ja den mag' ich, oder den mag' ich nicht. Ich hab' mir nie überlegt, wie der sein muß oder was ich mir von ihm erwarte."

Die Beziehungen erscheinen als etwas, das einfach „passiert".

Meist drängen dann die Männer auf eine rasche Verfestigung der Beziehung, was ganz im Gegensatz zum gängigen Klischee steht, daß Frauen sich in Beziehungen immer absichern wollen. Nach kurzer Zeit (einigen Wochen oder Monaten) lebten die Frauen bereits mit den Männern zusammen, wobei sehr viele Männer (ca. die Hälfte, was auch mit Erfahrungen aus der Frauenhausarbeit übereinstimmt) in die Wohnungen der Frauen zogen. Auch diese Verfestigung der Beziehung erscheint in hohem Ausmaß durch äußere Umstände und weniger durch eigene Entscheidungen bestimmt: entweder durch eine ungewollte Schwangerschaft, (in Österreich kommen 54% der erstgeborenen Kinder ungeplant zur Welt[1]) oder um von zu Hause fortzukommen, oder weil es für den Mann günstig war, da er z. B. keine eigene Wohnung hatte. Einige Frauen wollten eigentlich nicht heiraten, auch weil sie schon Konflikte mit ihrem Partner hatten. Doch sie sind kaum in der Lage, Auseinandersetzungen zu führen, sie passen sich den Bedürfnissen des Mannes an und hoffen, daß sich dadurch die Probleme von selbst lösen werden.

„Er hat mich immer gedrängt, daß wir heiraten, und ich hab' mir immer gedacht, nein, ich heirate nicht, und er hat sich dann immer beklagt, daß ich ihn nicht mag'. Ein Monat vor der Geburt hab' ich mir dann gedacht, vielleicht wird es besser, wenn wir heiraten, er ist sich dann vielleicht sicherer."

Trotz der auch von ihnen gewollten Intensivierung der Beziehung ist keiner der Männer bereit, sein persönliches Leben zu verändern, von den Frauen hingegen wird das als selbstverständlich erwartet. Diese Veränderung betrifft vor allem die Kontakte zu Personen außerhalb der Beziehung.

„...ich hab' ja meine ganzen Freunde und Freundinnen verloren, weil ich so fixiert war und mir immer gesagt hab', ich brauch' ja sonst nichts."

Nicht nur der Mann wünscht die Isolation seiner Frau – sie soll „ganz für ihn da sein" – sondern auch die Frauen begeben sich „freiwillig" in die Isolation, da das „Zueinander gehören" und „Einander genügen" nicht nur in schlechten Schlagern, Filmen und Romanen große Anziehungskraft hat.

Anmerkung

[1] *Demographische Informationen*, Wien 1985, S. 65

Abhängigkeit führt zur Gewalt

Übereinstimmend wird in sämtlichen empirischen Untersuchungen, die sich mit Gewalt gegen Frauen in der Familie beschäftigen, festgestellt, daß zunehmende psychische und ökonomische Abhängigkeit der Frauen Bedingungsfaktoren für Mißhandlungen sind. Kaum eine Frau wird vor der Ehe oder Schwangerschaft mißhandelt.

„From our interviews, we are still convinced, that in most cases a marriage license also functions as a hitting license".[1]
Unter anderem können diese Tatsachen durch historische Analysen des Eherechts erklärt werden, das das Züchtigungsrecht des Ehemannes beinhaltete. Surrogate davon haben sich im Strafrecht bis heute erhalten.[2] Die rechtliche Unterscheidung zwischen Ehefrauen und anderen Personen wirkt sich natürlich auch auf das Alltagsbewußtsein der Menschen aus. Sämtliche Frauen erzählen davon, daß die Männer, außer es handelt sich um schwere Verletzungen, die sie ihren Frauen zufügten, kein Unrechtbewußtsein ihres gewalttätigen Verhaltens haben. Durch die Änderung äußerer Umstände hoffen die Frauen immer wieder auf ein verändertes Verhalten des Mannes.

> „Da bin ich eben schwanger geworden…, da hab' ich mir gedacht, da wird alles besser werden, wenn das Kind da ist, aber wie ich schwanger war, ist es manchmal noch ärger gewesen."
> „Was hast du gedacht soll durch das Kind besser werden?"
> „Naja, seine Angst, daß ich im davonrenn' mit jemand anderem, das war seine größte Angst."

Die Veränderung wird jedoch sehr häufig von einem noch in der Zukunft liegenden Umstand erwartet und nicht durch eigene Aktivität herbeigeführt. Bleiben die Verhaltensweisen des Mannes gleich, wird die Hoffnung auf das nächste Ereignis gerichtet.

Der Beginn der Mißhandlung fällt also in allen Lebensgeschichten mit zunehmender materieller und psychischer Abhängigkeit zusammen (Heirat, Schwangerschaft). Vorher scheuen die Männer zumindest vor physischer Gewalttätigkeit zurück. Im Verlauf der gewalttätigen Beziehung blieb das gewalttätige Muster jedoch auch bestehen, wenn sich einzelne Faktoren änderten, etwa wenn die Frau berufstätig wurde (in die Wiener Frauenhäuser kommen ungefähr gleich viele berufstätige wie nichtberufstätige Frauen).

Innerhalb der gewalttätigen Beziehung ist die Rollenteilung streng geschlechtsspezifisch, keiner der Männer übernahm dauerhaft Verantwortung für Hausarbeit oder Erziehung der gemeinsamen Kinder. Darin unterscheiden sie sich nicht wesentlich vom österreichischen Durchschnittsmann: „…nur in drei von zehn Familien existieren partnerschaftlich orientierte Formen der Arbeitsteilung, wenngleich auch in diesen Fällen meist nicht von einer Gleichberechtigung bzw. gleichen Belastung beider Ehepartner gesprochen werden kann."[3]

Während der Schwangerschaft, von der ja von den Frauen eine Verbesserung der Situation erhofft wurde, kommt es meist entgegen den Erwartungen, oft zu ersten physischen Gewalttätigkeiten, wobei gerade während der Schwangerschaft, abgesehen von möglichen Schädigungen des ungeborenen Kindes, von den Frauen liebloses Verhalten und körperliche Gewalt als besonders demütigend empfunden werden.

„Dann bin ich schwanger geworden, dann ist es rapide schlechter geworden. Ich hab' mich irrsinnig gefreut daß ich schwanger bin, ich wollte ja gern ein Kind... Auch wie ich schwanger war, hat es immer Reibereien gegeben, es hat keinen Tag gegeben, an dem ich nicht geweint haben."

Im Bericht des Berliner Frauenhauses wird die zunehmende Gewalt während der Schwangerschaft mit der ambivalenten Einstellung der Männer zu Kindern und zur Gebärfähigkeit der Frauen in Zusammenhang gebracht: „Einerseits wird durch die Schwangerschaft die Zeugungsfähigkeit demonstriert, andererseits ist die Frau mit Kind nicht mehr so verfügbar für den Mann".[4]

Auch später ist der Zeitaufwand der Frauen für die Betreuung der Kinder ein ständiger Anlaß zur Eifersucht und darauffolgenden Konflikten.

Anmerkungen

[1] Gelles, J. R.: *The violent home,* Beverly Hills 1974
[2] § 83 u. 88 StGB: „Fahrlässige Körperverletzung". Die Privilegierung des Ehemannes gilt auch bei der Vergewaltigung in der Ehe
[3] *Demographische Informationen* a. a. O., S. 3
[4] *Hilfen für mißhandelte Frauen.* Abschlußbericht der wissenschaftlichen Begleitung des Modellprojektes Frauenhaus Berlin. Stuttgart 1981, S. 12

Erklärungsversuche

Die Tatsache, daß mißhandelte Frauen, wenn sie bei ihren Männern bleiben, oft einen Teil oder die ganze Schuld auf sich nehmen, interpretiert M. Brückner nicht als masochistische Persönlichkeitsstruktur der Frau, sondern als aktiven Versuch der Frauen, sich die Gewalttätigkeit des Mannes zu erklären.[1] Indem die Gewalttätigkeit für die Frau verstehbar wird, kann sie etwas tun, die Situation zu verändern. Immer wieder setzen sich die Frauen daher mit den Problemen des Mannes auseinander, sie versuchen ihm zu helfen oder oft sogar die Probleme für ihn zu lösen.

„Er hat auch immer gesagt, ich fordere ihn heraus. Ich hab' das zwar abgestritten, aber so im Hinterkopf hab' ich das schon gehabt, ich bin schuld, ich muß schauen, daß sich da was ändert, für ihn nicht an seiner Person, sondern die ganzen Umstände, sprich' ich such' ihm eine Arbeit, ich mach' zu Hause alles, ich kümmer mich um die Kinder, ich tu' alles."

„Ich hab' mir dann gedacht, der ist krank, der kann nicht anders, ich hab' das schon verstanden... Er war so ein Typ daß ich jedesmal, wenn ich zurückgekommen bin, das Gefühl gehabt hab', ich bin schuld, daß er so ist."

Die Ursache der Gewalttätigkeit des Mannes bei seinen Schwierigkeiten zu suchen, diese verstehen und lösen zu wollen, ist die eine der psychologischen Komponenten für das Verbleiben der Frauen in gewalttätigen Beziehungen. Fast alle Frauen verwendeten ihre Hauptenergie auf die Beschäftigung mit den Problemen des Mannes, was die Fähigkeit, für sich die Situation zu verändern, behindert. Arbeit im Reproduktionsbereich fördert und verfestigt diese Tendenz, da auch hier fast nie etwas „für sich selbst" gemacht wird, sondern immer für andere gearbeitet wird. Doch konnten fast alle Frauen auf die Frage, was für sie an der Beziehung zu ihrem Mann wichtig war, relativ klare Gründe für ihr Verbleiben nennen, die sehr häufig mit gesellschaftlichen Wertvorstellungen zusammenhängen.

Anmerkung

[1] Brückner, M.: *Die Liebe der Frauen*, Frankfurt/Main 1983

Die Schwierigkeit, sich zu trennen

Obwohl sich die meisten „Lebenskrisen" bei den alleinstehenden und alleinerziehenden Frauen ansammeln,[1] werden von den Frauen nur in geringem Maß materielle Gründe zur Erklärung des Verbleibens in der Mißhandlungsbeziehung angegeben, da in den untersuchten Fällen die Männerlöhne ohnehin nicht ausreichten, um eine Familie zu erhalten (in Österreich betrug 1987 das durchschnittliche Männereinkommen 11.000,– netto pro Monat[2]), so daß die Frauen meist dazuverdienen, oft sogar selbst die Familie erhalten mußten. Darüber hinaus ist die in Wien im Vergleich zu anderen Bundesländern klientenfreundliche Sozialhilfegesetzgebung ein Faktor, der es auch den Frauen ohne eigenes Einkommen ermöglicht, im Frauenhaus unabhängig von ihrem Mann zu leben. Durch weitere Einsparungen im Bereich der Sozialhilfe könnten jedoch gerade Frauen ohne eigenes Einkommen wieder verstärkt gezwungen sein, demütigende Situationen aus materiellen Gründen zu ertragen.

Der ökonomische Faktor spielt in materiell besser gestellten Familien, bei in der Landwirtschaft Tätigen und bei Selbständigen eine größere Rolle für das Aufrechterhalten einer Ehe.

Die Wichtigkeit der Beziehung besteht eher in der Übernahme gesellschaftlicher Leitbilder, wie dem der Familie, wonach vor allem das Aufwachsen von Kindern in „unvollständigen" Familien geradezu als Garant für spätere Störungen gilt. Dabei wird jedoch die Tatsache, daß eine Scheidungssituation eine Belastung für die Kinder darstellt, überbetont, und die Auseinandersetzung mit der Destruktivität „normaler" Familien vermieden.[3]

„Was war das Wichtigste an der Beziehung?"

„Ja, wie das Kind da war, war mir wichtig, ein Vater fürs Kind, ich hätte mir überhaupt nicht vorstellen können, allein mit dem Kind zu leben, ich hätt' mir nie gedacht, daß ich das schaff', daß das geht. Ich hab' geglaubt, das ist total abnormal, eine Frau allein mit einem Kind, da gehört ja doch ein Vater dazu."

Neben dem Bedürfnis nach einer „vollständigen" Familie erwähnen viele Frauen das Gefühl der Sicherheit, das sie an gewalttätigen Beziehungen festhalten ließ. Obwohl Sicherheit in Anbetracht der Gewalt, die den Frauen widerfuhr und auch im Hinblick darauf, daß über 80% der Gewalttaten im Familienkreis stattfinden, paradox erscheint, so scheinen doch die Besitzansprüche (Fürsorge und Kontrolle[4]) der gewalttätigen Männer für die Frauen Indizien für größere Verbindlichkeit in der Beziehung zu sein. Der strikten Kontrolle der Männer stehen die Frauen zwar ablehnend gegenüber, trotzdem deuten sie die Besitzansprüche des Mannes als „Liebe": „So fragwürdig diese Vorstellung von Liebe auch sein mag, sie hat doch etwas spürbar Verführerisches: sich sicher und umsorgt zu fühlen, sich nicht selbst entscheiden zu müssen."[5]

Um diese Sicherheit aufgeben zu können, müssen die Frauen die Chance haben, Sicherheit in sich selbst und Eigenständigkeit in der Gesellschaft zu finden.

Anmerkungen

[1] A. Ernst – K. Federspiel – K. Langbein,: *Sozialstaat Österreich – Bei Bedarf geschlossen,* Wien 1987
[2] Sozialbericht 1986: Bundesministerium für Soziale Verwaltung

[3] Bernecker, A. u. a. (Hg.): *Ohnmächtige Gewalt*, Reinbek 1982, S. 93
[4] Brückner, M.: *Die Liebe der Frauen*, Frankfurt/Main 1983
[5] Brückner, M. a. a. O., S. 75

Verhalten bei Mißhandlung

Das Verhalten in der Mißhandlungssituation war bei allen Frauen von Selbstschutz und Unterordnung geprägt. Dabei spielt das Selbstbild der geringen eigenen Körperkraft, neben der Angst vor Aggression überhaupt, die größte Rolle. Der Umgang mit Aggressivität, Training des Körpers und das Vertrauen auf die eigene Körperkraft wurde zumindest in der Kindheit der heute erwachsenen Frauen nicht gefördert.

> „Ich war so, daß ich ihn immer gebeten hab', bitte sein wir friedlich, tun wir nicht streiten, schrei' nicht herum, ich hab' halt geweint, und je mehr ich geweint hab', desto ärger ist er geworden, weil er gesehen hat, daß ich Angst hab'.

„Wie hast du dich verhalten, wenn er gewalttätig war?"

> „Ich hab' genau gewußt, ich kann mich körperlich nicht wehren, ich hab' genau gewußt, dieser Mensch ist so in Rage, dem ist es wurscht, wenn ich etwas dagegen tu, kommt es noch ärger. Ich hab' mir nur überlegt, wie ich mich schütz', daß ich nicht soviel am Kopf oder ins Gesicht krieg', aber ich hab' einfach nicht den Mut gehabt, mich zu wehren."

Daß sich die Frauen nicht nur aus körperlicher Schwäche nicht wehren, zeigt die Tatsache, daß einige Frauen sich konsequenter und entschiedener zur Wehr setzten, sobald sie eine Trennung vom Mann für sich in Betracht zogen. Sich wehren bedeutet nicht nur eine Chance auf Verminderung der Gewalt, die Hauptbedeutung liegt im Zugewinn an Selbstachtung und dem daraus folgendem Bewußtsein eigener Handlungsfähigkeit, das durch widerstandlose Unterordnung immer geringer wird.

Einige Frauen reagieren mit Depressionen, die im Extrem zu Selbstmordversuchen führen können, was mißhandelte Frauen in Kontakt mit der Psychiatrie bringen kann. Dies kann sich bei einer späteren Scheidung und besonders bei der Sorgerechtsregelung für die Kinder nachteilig auswirken.

> „Ich war sehr deprimiert, ich hab' statt geredet hinuntergeschluckt, bis es nicht mehr gegangen ist, dann hab' ich in der Ehe auch einen Selbstmordversuch gemacht."

Erst nachdem die Hoffnung auf Veränderung des Mannes aufgegeben wurde, setzten sich die meisten Frauen entschiedener zur Wehr bzw. versuchten sie, von anderen Personen oder Institutionen Hilfe zu bekommen. Dies bedeutet für die Frauen, die die Gewalttätigkeit ihres Mannes geheimgehalten haben, die Überwindung beträchtlicher Schambarrieren. Die Verheimlichung bzw. Verharmlosung der Probleme in der Beziehung ist eine Überlebensstrategie, die es den Frauen ermöglicht, die Beziehung weiterhin zu ertragen. Das Eingeständnis der unerträglichen Lage und die Unfähigkeit, etwas dagegen zu tun, würde das Selbstwertgefühl der Frauen zerstören.

„Ich hab' immer verdammt gut aufgepaßt, daß er mich nicht ins Gesicht haut, weil das hätte dann wer gesehen und das hätt' ich dann erklären müssen, weil für das andere hat es ja Rollkragenpullover und lange Röcke gegeben."

Das Postulat vom Intimraum Familie, aus dem möglichst nichts nach außen dringen soll, ergibt diese eigentümliche Komplizenschaft zwischen Mann und Frau, die die Geheimhaltung der Gewalttätigkeit zum Ziel hat.

Längere Geheimhaltung erschwert die Hilfesuche der Frau, da sie sich schämt, eingestehen zu müssen, daß sie die Situation schon längere Zeit ertragen hat. In dieser Situation sahen die Frauen das entschiedene Parteiergreifen außenstehender Personen letztendlich als sehr hilfreich an, auch wenn Hilfe nicht zu jeder Zeit angenommen werden konnte.

„Hast du eigentlich mit jemandem über eure Beziehung geredet?"
„Erst ganz zum Schluß, mit meiner Nachbarin, die mir auch gesagt hat, ich soll ins Frauenhaus gehen. Die hat immer gesagt, wie schaust du aus, dir geht's ja so schlecht, und ich hab' immer gesagt, nein, mir geht's ja so gut. Aber sie hat mir das immer wieder ins Gesicht gesagt, die war schon ein Anlaß fürs Weggehen. Das hat zwar sehr weh getan, wenn sie es gesagt hat, aber es ist wahr gewesen."

Aus diesen Worten wird die wichtige Rolle der Nachbarn deutlich, die gerade bei Frauen, die zu Hause arbeiten, oft der einzige regelmäßige soziale Kontakt sind.

Nur wenige Frauen zeigen ihre Männer bei der Polizei an:

„Das hat sich so den Sommer hingezogen, kein Tag ist vergangen, wo er mich nicht geschlagen hat, dann einmal bin ich mit der Sandra in den Kindergarten gegangen, dann haben mich die überredet, eine Anzeige zu machen. Ich hab' ihn ja vorher nie angezeigt, obwohl die Polizei schon einmal im Haus war."

Aus dieser Aussage wird deutlich, daß die Polizei, die sich bei Gewalttätigkeiten in der Ehe nur darauf beschränkt, eine Anzeige entgegenzunehmen, für Frauen, die die Beziehung (noch) nicht aufgeben wollen, nur im Ausnahmefall eine Hilfe darstellt. Das bedeutet nicht, daß die Strafbarkeit der Gewalt gegen Frauen in Zweifel gezogen werden soll. Eine Studie besagt, daß die Männer „eher auf negative als auf positive Anreize reagierten, d. h. sie reagierten eher auf Sanktionen der Polizei oder des Gerichts oder auf ein hartes Ultimatum als auf gutes Zureden, Verständnis und Verzeihen".[1]

Anmerkung

[1] Lee Bowker in: Benard, Ch./Schlaffer, E.: *Im Ghetto der Gefühle*, Reinbek 1987, S. 222

Trennungsversuche

Nur wenige Frauen trennen sich gleich nach der ersten Mißhandlung bzw. nach „geringfügigen Gewalttätigkeiten" (wie z. B. einer Ohrfeige). Dies steht im Zusammenhang mit der gesellschaftlichen Akzeptanz der Gewalt in Familien, die, solange sie nicht ein gewisses Ausmaß (körperliche Verletzung) übersteigt, sowohl gegen Kinder als auch gegen Ehefrauen toleriert wird. Die meisten Frauen haben einen oder mehrere Trennungsversuche hinter sich.

Die Gründe, in eine gewalttätige Beziehung zurückzukehren, sind vielfältig und entsprechen z. T. denen, die die Frauen dazu brachten, längere Zeit Gewalt zu ertragen.

Der Wunsch, in einer vollständigen Familie zu leben, mangelnde Alternativen sowie die oft fehlende äußere Unterstützung tragen dazu bei, daß Frauen in für sie unbefriedigende Beziehungen zurückkehren. Hier können Bezüge zu den nicht vorhandenen gesellschaftlichen Leitbildern für alleinstehende Frauen und dem Bild, daß Glück nur im privaten Bereich, mit einer vollständigen Familie zu erreichen ist (obwohl in Österreich jede dritte Ehe geschieden wird) hergestellt werden. Auch ermöglicht es der Umstand, daß die Medien Gewalttaten in der Familie meist als abnorme Sonderfälle hinstellen, den mißhandelten Frauen nicht , Gemeinsamkeiten zu erkennen.[1] Wichtige Motive fürs Zurückkehren sind neben den wenig attraktiven Lebensperspektiven als alleinstehende Mutter auch Versprechungen des Mannes, sich zu ändern.

„Wie ich das erste Mal im Frauenhaus war, da hab' ich schon wieder gearbeitet (nach dem Karenzjahr), da bin ich einfach so, mit der Barbara am Arm, ins Frauenhaus. Dann, nach einer Woche, da hab' ich ihm halt alles geglaubt, war er mir versprochen hat, und bin wieder zurück. Das erste Mal war ich schon ein halbes Jahr vorher weg, da war ich bei meiner Mutter, da hat er mich mit dem Messer bedroht und hat mir Zigaretten im Gesicht ausgedämpft. Da hat er mich auch überredet zum Zurückkommen, dann hat er mich aber gleich wieder mit dem Messer angegriffen, weil er geglaubt hat, ich hab' ihn in Tirol bei meiner Mutter betrogen, da hab' ich mir gedacht, es ist aus mit mir, Todesangst hab' ich gehabt. Dann bin ich das zweite Mal ins Frauenhaus, bin auch wieder zurück, ich hätte ihm alles verzeihen können, wenn er sich geändert hätte."

Die Versprechungen des Mannes nähren die ohnehin vorhandenen Hoffnungen auf Veränderung, so daß die Frauen oft zurückgehen, ohne Bedingungen zu stellen.

Bekannte oder Familienangehörige, zu denen die Frau nach besonders heftigen Gewalttätigkeiten flüchtet, sind in den seltensten Fällen bereit und in der Lage, eine Frau, besonders wenn sie mehrere Kinder hat, für längere Zeit aufzunehmen.

„Das ist halt immer ärger geworden, dazwischen bin ich mit den Kindern ein paar Mal davongerannt, hab' mit ihnen auf Parkbänken oder in Telefonzellen übernachtet. Einmal hab' ich bei meiner Mutter eine Woche am Fußboden geschlafen, aber irgendwann hab' ich ja immer heim müssen, wegen der Kinder, die haben immer wieder was gebraucht, er war einfach nicht aus der Wohnung zu bringen."

Aus diesen Worten wird die Paradoxie ersichtlich, daß Frauen, die mißhandelt werden, aus ihrer eigenen Wohnung flüchten müssen (der Befragten hatte die Wohnung vor ihrer Eheschließung gehört, und sie war noch immer Hauptmieterin), statt daß dem Täter untersagt wird, die Wohnung zu betreten (wie es z. B. der US-Bundesstaat West Virginia im „Family Protection Law", Article 2a, regelt). Diese Möglichkeit wäre zwar legistisch in Form der „einstweiligen Verfügung" auch in Österreich vorgesehen, doch wird sie in der Praxis fast nie ausgesprochen, selbst wenn die Frau schwer verletzt wurde, da wie bei fast allen Gewalttaten gegen Frauen (auch bei Vergewaltigung) der Aussage der Frau unterschwellig nicht geglaubt wird. Die Frau als Bedrohte muß mit ihren Kindern alle Strapazen der Flucht, der Schul- und Kindergartenummeldung tragen.

Wenn die Frau zum Mißhandler zurückgeht (etwas mehr als die Hälfte aller Frauen, davon kommen 13% ein zweites Mal und 4% drei- und mehrmals) können neben oben genannten Gründen auch die Überfüllung des Hauses und die daraus resultierenden Konflikte eine Rolle spielen (im Frauenhaus müssen sich zwei bis vier Frauen mit ihren Kindern ein Zimmer teilen, in „Spitzenzeiten" wie zu Weihnachten können es auch mehr sein). In der unsicheren Situation nach der Trennung sind die Frauen ohnehin von Schwierigkeiten überhäuft. Dann genügt oft ein zusätzlicher, oft kleiner Auslöser (z. B. ein Streit mit einer Mitbewohnerin), um wieder auf vertraute Lebensentwürfe zurückzugreifen.

Nach einer oder mehreren neuerlichen Enttäuschungen darüber, daß der Mann selbst um den Preis einer Trennung seine Verhaltensweisen nicht aufgibt, nähern sich die Frauen Schritt für Schritt der endgültigen Trennung.

Anmerkung

[1] Leires, I. u. a.: *Frauenhausinitiativen in Österreich 1984,* unveröffentlichter Forschungsbericht, Jubiläumsfondsprojekt der Österreichischen Nationalbank 1742/1984,

Endgültige Trennung

„Die meisten Menschen brauchen eine gewisse Zeit, um eine Stelle, die sie längst hätten aufgeben sollen, zu kündigen, oder um eine persönlich Beziehung, die nicht mehr funktioniert, abzubrechen. Wenn eine geschlagene Frau einen Schlußstrich zieht, verliert sie oft beides gleichzeitig: ihre ‚Stelle' als verheiratete Frau und die bedeutendste Beziehung ihres Lebens."[1]

Für viele Frauen war für den Entschluß zur Trennung das Frauenhaus entscheidend. Als Ort, wo sie sich sicher fühlten, konnten sie, oft das erste Mal in ihrem Leben, Gemeinsamkeiten mit anderen Frauen erkennen, die das individuelle Schuldgefühl vermindern.

Daneben ist die konkrete Unterstützung bei Wohnungs- und Arbeitssuche, Kinderunterbringung und juristischen Fragen ein entscheidender Beitrag dazu, daß die Frau sich nicht von der Trennungssituation überfordert fühlt. Die Frauen, die kein eigenes Einkommen haben, können Sozialhilfe beziehen.

Als Vorbedingung für die Entscheidung, ins Frauenhaus zu gehen und eine Trennung ernsthaft in Betracht zu ziehen, müssen die Frauen auch die letzte Hoffnung auf Veränderung aufgegeben haben, klar Vor- und Nachteile der Beziehung gegeneinander abwä-

gen, aufgrund dieses Reflexionsprozesses eigene Wünsche und Be-
dürfnisse entwickeln und sich zu deren Durchsetzung entscheiden.
Wichtig dafür ist ein zumindest teilweise neues Selbstbild, das auch
Alternativen zu gesellschaftlich geprägten Rollen der Ehefrau und
Mutter zuläßt. Die Änderung des Frauenbildes im Frauenhaus, wo
Frauen auch als stark und kompetent erlebt werden, leistet zu diesem
Prozeß einen Beitrag, die Frauen erkennen eigene Stärken, die die
Durchsetzungsfähigkeit auf vielen gesellschaftlichen Ebenen erhö-
hen.

Unterstützung durch außenstehende Personen beschleunigt in aller Regel den Prozeß der Trennung, obwohl einige Frauen bis zuletzt
versuchen, ganz allein mit ihren Problemen fertigzuwerden.

Bei allen Frauen, die die Trennung von ihrem Mann erfolgreich
durchführen, ist es irgendwann zu einer inneren Distanzierung und
Unabhängigkeit von ihrem Mann gekommen. Von diesem Zeitpunkt
an kann es noch immer jahrelang dauern, bis es zur Trennung kommt.

> „Einen äußerlichen Trennungsversuch hab' ich nicht gemacht, aber ei-
> nen innerlichen schon, nämlich was auch passiert, immer nur bis daher
> (zeigt bis zum Hals), er kann mich grün und blau hauen, aber mehr nicht.
> Also für mich hat die Trennung schon damals stattgefunden, nur haben
> weder er noch ich das damals so mitgekriegt, ich glaub', das war auch der
> Grund, daß ich ganz genau gewußt hab', ganz egal was passiert, da geh'
> ich nie wieder zurück."

Oftmals wird die Entscheidung zur Trennung an einem Wende-
punkt getroffen, wo die Frauen merken, daß es um sich eine Entscheidung zwischen „Leben" und „Tod" handelt. Die bewußte Entscheidung für das „Leben" kann dann auch die Kraft zur Trennung
geben, da das Gefühl, nach langer Zeit des bloßen Reagierens noch
entscheidungsfähig zu sein, das Selbstwertgefühl stärkt.

> „Diesmal hab' ich das richtig geplant, nicht so im Affekt, was man sich
> bald wieder überlegt, sondern ich will jetzt nicht mehr so weiterleben,
> entweder ich hupf' jetzt zum Fenster hinunter, oder ich geh'. Da hab' ich
> mir gedacht, es ist besser, ich geh."
> „Bist du dann noch einmal zurückgegangen?"
> „Nein, das hab' ich vorher schon gewußt, das ist endgültig. Ich bin nicht
> im Affekt weggerannt, weil er mir momentan weh getan hat, psychisch
> oder physisch, sondern weil ich mir gedacht hab', ich möchte anders le-
> ben. Ich bin damals mit dem Taxi gefahren, hab- die Kleine vom Kinder-
> garten abgeholt und hab' gewußt, ich hab' jetzt da meine Sachen drin,
> das Notwendigste, und alles andere interessiert mich nicht, und jetzt
> fang' ich neu zu leben an."

Universitätsbibliothek Linz

Wichtig für die Trennung ist die Erkenntnis der Frau, daß nur sie selbst aktiv eine Veränderung der Situation herbeiführen kann. Die Zeit der Mißhandlung war bei den befragten Frauen geprägt von einer inneren Unentschlossenheit und halbherzigen, vom Mann nicht ernstgenommenen Trennungsversuchen, die in der Regel das Ziel hatten, den Mann zu einer Veränderung seines Verhaltens zu bewegen. Erst, wenn die Frauen unabhängig von seinen Verhaltensweisen ihr Leben nach ihren Bedürfnissen gestalten wollen, können sie eine Veränderung der Situation herbeiführen. (Hier zeigt sich, wie hindernd sich die weibliche Sozialisation auswirken kann: das Erkennen und die aktive Durchsetzung eigener Bedürfnisse entspricht durchaus nicht dem traditionellen weiblichen Rollenbild.)

Obwohl alle Frauen das tägliche Leben und auch oft den materiellen Unterhalt der Familie aktiv gestalten, hatten sie im Bereich der Beziehung eine überwiegend passive Rolle, indem sie sich hauptsächlich den Bedürfnissen des Mannes anpaßten. Margit Brückner faßt ein ähnliches Phänomen in ihrem Buch *Die janusköpfige Frau* unter den Polaritäten „Lebensstärken" und „Beziehungsschwächen" zusammen.[2] In den Interviews wird deutlich, daß die Frauen, die die Trennung schneller durchführen konnten, die Stärke dafür aus anderen Lebensbereichen bezogen. Für viele Frauen ist einer der wichtigsten Lebensbereiche ihre Rolle als Mutter.

Anmerkungen

[1] Brückner, M.: *Die Liebe der Frauen*, Frankfurt/Main 1983, S. 84
[2] Brückner, M.: *Die janusköpfige Frau*, Frankfurt/Main 1987

Die Rolle der Kinder im Trennungsprozeß

Die Kinder stellen zwar einen Hemmfaktor bei der Trennung dar, da die Frauen in den meisten Fällen während der Schwangerschaft und nach der Geburt materiell und/oder psychisch von ihren Männern abhängig werden, vor allem auch, weil die Frauen wollen, daß ihr Kind in einer „vollständigen" Familie aufwächst. Andererseits können jedoch Frauen durch ihre Mutterrolle soziale Kompetenz und Stärke erwerben, die ihnen bei ihrem Bruch mit anderen Rollen, die auch zu ihrem Selbstbild gehören, behilflich sind.

Für einige Frauen waren die negativen Auswirkungen, die ihre

Beziehungskonflikte auf die Kinder hatten, letztlich der Anlaß zur Trennung.

„Was glaubst du, hat dir geholfen, dich wirklich zu trennen?"

„Geholfen hat mir der Gedanke, daß ich ein Kind hab' und eben dem Kind dieses Leben nicht zumuten kann. Sie war ja noch ein ganz kleines Baby, sie hat das nicht so mitgekriegt. Ich hab' mir dann gedacht, wenn sie größer wird und sieht, wie er mich schlägt, das kann ich ihr nicht zumuten. Da war mir dann das Kind wichtiger als die Beziehung."

Wichtig ist für die Frauen, daß sie ihre Kinder nach der Trennung ihren eigenen Vorstellungen gemäß erziehen können. Die Belastungen alleinstehender Mütter sind jedoch nicht zu übersehen. Nur wenige Frauen bekommen regelmäßig Unterhalt für ihre Kinder, und sie müssen ihre etwaige Berufstätigkeit immer mit den Kinderbetreuungszeiten öffentlicher Einrichtungen koordinieren. Kaum eine Frau läßt ihre Kinder beim Mann; wenn die Frauen sich aus verschiedensten Gründen nicht in der Lage sehen, die Kinder allein aufzuziehen, werden eher andere Betreuungsmöglichkeiten gesucht.

Die Rolle des Frauenhauses im Trennungsprozeß

Parteilichkeit

Dieses Prinzip wird übereinstimmend von allen Mitarbeiterinnen und den betroffenen Frauen in den Interviews als das wichtigste erachtet. Mit Parteilichkeit ist die prinzipielle Unterstützung der Frau bei der Durchsetzung ihrer Pläne gemeint. Die Parteilichkeit ist auf die Veränderung weiblicher Lebenszusammenhänge hin gerichtet und soll Frauen helfen, eine selbstbestimmte Existenz aufzubauen. Dazu gehört auch, die von den Frauen dargestellten Gewalterfahrungen ernst zu nehmen und zu glauben und sie in ihrem Beschluß, eine neue Lebensperspektive anzustreben, zu unterstützen (oft im Gegensatz zum sonstigen Umfeld der Frau, wo eher die mit einer Veränderung verbundenen Schwierigkeiten betont werden).

Keinen Sinn hätte eine (oft unterstellte) Beeinflussung der Frauen: Eine Entscheidung, mit der sich die Frau nicht voll identifiziert, wird bei auftauchenden Schwierigkeiten rasch wieder aufgegeben.

Offenheit

Die Frauenhäuser müssen zu jeder Tages- und Nachtzeit allen hilfesuchenden Frauen offenstehen. Keine Frau soll abgewiesen werden, wie überfüllt das Haus auch sein mag. Dadurch gewinnen die Frauen die Sicherheit, immer wieder kommen zu können.

Beratung und praktische Hilfe
In der ersten Zeit des Aufenthaltes ist die Schutzfunktion des Hauses sehr wichtig. Die Frauen können sicher sein, daß kein Mann Zutritt hat. In den meisten Fällen haben sie durch die Geheimhaltung der Adresse eine Ruhepause von einigen Tagen, bevor sie sich Auseinandersetzungen mit ihrem Mann stellen müssen (viele Männer suchen häufigen Telefonkontakt, manche „belagern" die Eingangstüre des Hauses).

Besonders Frauen, deren Entscheidungsfähigkeit durch Angst vor ihrem Mann behindert war, ist die Ruhepause zu Beginn der Trennung sehr wichtig.

„Im Frauenhaus bin ich mir dann sicher vorgekommen, da hat er drei Monate nicht gewußt wo ich bin, da hab' ich die Angst ein bißchen abgebaut, da hab' ich mir das Ganze überlegen können."

Nach einer ersten Eingewöhnungsphase unternehmen die Frauen konkrete Schritte zur weiteren Klärung ihrer Situation (dies kann auch die Rückkehr zu ihrem Mann bedeuten). Dazu gehören neben vielen Behördenwegen (Scheidung einreichen, Pflege und Erziehung für die Kinder beantragen, Finanz, Wohnungs- und Arbeitsamt, Jugendamt, Sozialreferat usw.) auch reflexive Gespräche über die bisherige Situation in Form von Einzel- und Gruppengesprächen. Das Erkennen, daß die erlittene Gewalt kein Einzelschicksal ist, ist oft der erste Schritt, um vorhandene Selbstbeschuldigungstendenzen abzubauen.

„Vorher, zu Hause und bei meiner Mutter, da ist es allen von außen her so gutgegangen, da hab' ich gar nicht darüber reden können."

Eine weitere Hilfestellung bietet der Frau das Leben in einer sie unterstützenden Gruppe. Die Angst vor dem Alleinsein, die viele Frauen von der Trennung abgehalten hat, schwindet. Die Gruppensituation im Frauenhaus wird trotz aller Konflikte als stärkend erlebt. Auch Konfrontationen mit ihrem Mann fühlen sich die Frauen mit Unterstützung und Schutz anderer Frauen besser gewachsen. Selbst wenn der Mann immer wieder anruft, muß sie nicht mit ihm sprechen, sie kann, oft das erste Mal in ihrem Leben, ihre Grenzen selbst bestimmen.

Bei Scheidungsverhandlungen und etwaigen Aussprachen mit ihrem Mann wird sie, wenn sie es wünscht, begleitet. Dieses Gefühl der Stärke in der Gruppe überträgt sich zumindest zum Teil auch auf die einzelne Frau. Durch Gespräche und Rollenspiele soll sie lernen, in Zukunft ihre eigenen Bedürfnisse auch allein zu vertreten, nicht nur, aber auch Männern gegenüber.

„Frauen helfen Frauen"
Im Frauenhaus sollen nur Frauen tätig sein. Die Beratung ist neben fachlicher Fragen auch immer ein Gespräch, in dem viele Frauen zum ersten Mal ihre Erlebnisse mitteilen, was erfahrungsgemäß Männern gegenüber nicht im selben Ausmaß möglich wäre. Dieses Prinzip, das zu Beginn des Frauenhauses heftig in Zweifel gezogen wurde, stellt heute niemand mehr in Frage. Damals war die Begründung für die Mitarbeit von Männern, daß den Frauen wieder ein „positives" Männerbild vermittelt werden sollte – ganz im Gegenteil haben die Frauen ohnehin ein unrealistisch positives Männerbild, das sie dazu brachte, oft jahrelang Unterdrückung in der Hoffnung auf Veränderung zu ertragen. Änderung tritt eher im bisherigen Frauenbild und damit auch im Selbstbild ein. Bisher wurden Frauen hauptsächlich als Konkurrentinnen erlebt und als so schwach, daß sie auf einen Mann angewiesen sind. Im Frauenhaus erleben Frauen andere Frauen als unterstützend, und sie können im Rahmen des Zusammenlebens eigene Fähigkeiten und Stärken entwickeln.

Trotz der Konflikte untereinander, nicht zuletzt durch das Zusammenleben auf engstem Raum, überwiegen für viele Frauen doch die Momente der Solidarität und gegenseitigen Hilfe (besonders, wenn sie nachträglich über die Zeit im Frauenhaus sprechen).

Demokratische Strukturen
Keine hierarchischen Strukturen sollen das in der Ehe erlebte Untergeordnetsein fortsetzen. Obwohl dieses Ideal natürlich in der Praxis nicht verwirklichbar ist, wird doch versucht, Entscheidungen möglichst gemeinsam zu treffen und Konflikte offen auszutragen. Dadurch wird auch die Angst vor Konflikten vermindert, und die einzelne Frau kann lernen, ihre Meinung zu vertreten und auch durchzusetzen.

Übergangslösung
Frauenhäuser sollen nur eine zeitlich begrenzte Aufenthaltsmöglichkeit sein. Die Aufenthaltsdauer hängt von der äußeren und inne-

ren Situation der Frau ab (manche Scheidungsverhandlungen dauern mehrere Jahre) und reicht von einigen Tagen bis zu zwei Jahren). Die meisten Frauen, die nicht zu ihrem Mann zurückkehren, leben nach dem Frauenhaus allein mit ihren Kindern (Übergangswohnungen, in denen mehrere Frauen nach dem Frauenhausaufenthalt gemeinsam leben können, gibt es in Wien nicht). Für viele Frauen setzt erst dann die Auseinandersetzung mit dem Alleinsein ein. Viele Frauen, besonders die, die sehr lang im Frauenhaus gewohnt haben, halten nach dem Auszug Kontakt zu Mitarbeiterinnen und Mitbewohnerinnen, um die Trennung vom Frauenhaus schrittweise zu vollziehen und um ihre soziale Isolation zu vermindern.

Situation nach der Trennung

Ein bis drei Jahre nach dem Frauenhausaufenthalt sind die meisten der interviewten Frauen berufstätig. Jene, die noch immer Sozialhilfe beziehen, haben zumindest kurzfristig gearbeitet. Da die Arbeitsmarktsituation für Frauen, die keine Berufsausbildung haben bzw. in „typischen" Frauenberufen ausgebildet wurden, sehr schlecht ist, ist es für die meisten Frauen sehr schwierig, eine fixe Beschäftigung zu finden. Trotz des meist geringen Einkommens finden sie es aber sehr befriedigend, ihr Geld selbst einteilen zu können.

> „Jetzt seh' ich, was ich mach', ist meine Sache, und was ich mach', mach' ich für mich und das Kind, ich brauch' niemandem Rechenschaft ablegen über jeden Schilling und über alles was ich tu."

Keine der interviewten Frauen hat ihre alte eheliche Wohnung nach der Scheidung wiederbekommen, obwohl diese Wohnung der Hälfte der Frauen schon vor der Ehe gehört hat. Dies ist kein Zufall, denn laut der Statistik der Wiener Frauenhäuser haben in den letzten beiden Jahren nur 5% der Frauen die gemeinsame Wohnung zugesprochen bekommen. Die Gründe dafür sind vielfältig:

– Die Frauen, die im Frauenhaus leben und Hauptmieterin der ehelichen Wohnung sind, müßten die gesamten Miet- und Betriebskosten bezahlen, um sich die Wohnung zu erhalten. Da bis zur Scheidung und dem darauffolgenden Auszug des Mannes mehrere Monate bis Jahre vergehen können, übersteigt diese Belastung fast immer die finanziellen Möglichkeiten der Frau.

- Einige Frauen wollen auch nicht mehr in ihre alte Wohnung zurück, weil sie befürchten, dort immer wieder Belästigungen des Mannes ausgesetzt zu sein, sie wollen mit ihrer Vergangenheit auch örtlich nichts mehr zu tun haben.
- Für einige ist die alte Wohnung auch zu groß bzw. zu teuer, um mit dem zu erwartenden Einkommen finanziert zu werden.

Die meisten Frauen, die sich endgültig trennen, finden während des Frauenhausaufenthalts eigene Wohnungen, die von unterschiedlicher Qualität sind. Größere Wohnungen für Frauen mit mehreren Kindern sind schwer zu bekommen, und die Frauen nehmen nach längerer Wartezeit oft eine zu kleine Wohnung. Die Einrichtung der Wohnung erfolgt meist provisorisch mit Möbelspenden, da nur wenige Frauen Möbel aus der gemeinsamen Wohnung mitnehmen können.

Fast alle Frauen leben nach dem Auszug in latenter Angst vor ihrem ehemaligen Mann. Sie versuchen teilweise, ihre Adresse und Telefonnummer geheimzuhalten, und meiden Kontakte mit gemeinsamen Bekannten.

Andere, die der Kinder wegen Kontakt mit ihrem ehemaligen Mann halten (die Männer sind berechtigt, die Kinder zu besuchen, wenn nicht triftige Gründe dagegensprechen) machen oft verschiedene Zugeständnisse an ihn, obwohl sie erfahren haben, daß Zugeständnisse die Situation nicht verbessern. Eine interviewte Frau gibt nach ständigen Belästigungen den Unterhalt, den der Mann für das gemeinsame Kind zahlen muß, zurück.

Daraus kann geschlossen werden, daß Verhaltensänderungen gegenüber dem ehemaligen Mann schwieriger sind als anderen Männern gegenüber, da die Beziehungsmuster der Dominanz und Unterordnung offensichtlich eingespielt sind und viel Zeit vergeht, bis sich die Frauen vom Einfluß des Mannes gelöst haben.

„Er war jetzt vor drei Tagen da, er ist jetzt gesessen für fünf Monate wegen (nichtbezahlter) Alimente, also wegen mir (lacht), ich bin also schon wieder schuld an allem, er hätte zwar zahlen können, aber er wollte nicht. Jedesmal spielt er sein Spiel wieder, und jedesmal, bevor er kommt, denk' ich mir, jetzt bin ich so weit, jetzt kann er machen was er will, jetzt kann ich sagen: jetzt ist es genug."

Beziehungen zu Männern

Die meisten Frauen richten auch nach dem Frauenhausaufenthalt ihre Beziehungswünsche auf Männer. Die Alternative, auch mit Frauen sexuelle Beziehungen einzugehen, wurde in der nunmehr zehnjährigen Geschichte der Wiener Frauenhäuser von verschwindend wenigen Frauen gewählt. Da aber Beziehungen zu Männern als so leidvoll und unterdrückend erlebt wurden, ziehen sehr viele Frauen zumindest in den ersten Jahren nach dem Frauenhausaufenthalt ein „beziehungsloses" Leben vor.

Manche Frauen haben schon während des Frauenhausaufenthaltes, wo sie oft erstmals nach vielen Ehejahren alleine ausgehen können, Bekanntschaften mit Männern, die meist sehr lose sind. Dabei geht es vorwiegend um das Ausprobieren anderer Beziehungsmuster. Erfahrungsgemäß sind es eher jüngere Frauen, die noch nicht so lange Gewalterfahrungen hinter sich haben, die bereit sind, Erfahrungen mit ihren gewalttätigen Männern zu individualisieren und sich wieder auf andere Männer einzulassen.

Viele Frauen vermeiden hingegen während der Frauenhauszeit jeden näheren Kontakt zu Männern.

In der Statistik der Wiener Frauenhäuser der letzten beiden Jahre scheint keine Frau auf, die direkt vom Frauenhaus zu einem neuen Partner gezogen wäre.

Jene Frauen, die zum Zeitpunkt dieser Untersuchung wieder mit einem Partner zusammenleben, versuchen in höherem Maß, eigene Bedürfnisse in der Beziehung durchzusetzen. Für sie ist der Bereich der Konfliktregelung ein hochsensibler, über den sie sich stark mit ihren neuen Männern auseinandersetzen. Die Möglichkeit, daß Konflikte in einer Beziehung steuerbar sind und nicht angstbesetzt verlaufen müssen, bestimmt in ihren Augen die Qualität der Beziehung.

Im Unterschied zur vorherigen Beziehung versuchen die Frauen auch, eigene soziale Kontakte aufrechtzuerhalten:

> „...daß ich erstmals nicht die Frau oder Freundin von irgendeinem Mann bin, sondern daß das ich bin, ich als Frau, die vorher ohne Mann gelebt hat und auch nachher ohne ihn leben kann, wahrscheinlich mit Verletzungen, aber die leben kann, mit ihren Kindern und ihren sozialen Kontakten."

Eine andere Frau findet es wichtig, daß sich Frauen Männer nach ihren Bedürfnissen auswählen und die Fähigkeit haben, auch alleine zu leben:

„Erst einmal auswählen, sich Zeit lassen, erst einmal versuchen, selbst zu leben, aber das ist ja bei den meisten nicht der Fall, die haben ganz jung geheiratet und waren immer mit ihrem Mann zusammen, haben nie ausprobiert, wie das alleine ist."

Frauen müssen dies alles oft erst als Erwachsene lernen, da sie in ihrer Sozialisation vermittelt bekamen, hauptsächlich für andere dasein zu müssen.[1] Ohne dies zu lernen ist es unmöglich, in einer Beziehung die eigene Persönlichkeit zu wahren und auf den eigenen Rechten zu bestehen.

Einige Frauen gehen auch nach dem Frauenhausaufenthalt wieder problematische Beziehungen zu Männern ein. Die Lebensumstände zweier betroffener Frauen waren besonders schwierig: Eine Frau war chronisch krank und daher wenig selbstsicher, die andere verbrachte ihre Kindheit teilweise im Heim und wurde als Kind mißhandelt und sexuell mißbraucht. Gerade bei solchen Frauen ist der Wunsch nach der Geborgenheit einer Familie – fast unabhängig von der jeweiligen Realität – übermächtig:

„Jetzt will ich heiraten und das Kind auf die Welt bringen und dann will ich, daß alles ganz normal ist."

„Was ist normal?"

„Na ja, daß er das Kind akzeptiert und daß wir halt alles miteinander machen, außer arbeiten gehen, und daß wir halt alles miteinander besprechen, das stell' ich mir schön vor. Ich weiß auch, daß das mit ihm nicht geht."

Diese Frau richtet sich weiterhin nach den Vorstellungen des Mannes und hofft, daß sie einmal mit den ihren identisch sein werden.

Beide Frauen leben, abgesehen von ihren psychischen Problemen, in schwierigen äußeren Lebensverhältnissen, isoliert, ohne fixen Arbeitsplatz, mit geringem Einkommen. Isolation führt sehr häufig dazu, daß unbefriedigende Beziehungen eingegangen und aufrechterhalten werden. Eine Möglichkeit, Isolation aufzuheben, die Berufstätigkeit, ist aufgrund der gegenwärtigen Arbeitsmarktlage gerade für Frauen ohne qualifizierte Ausbildung sehr schwierig. Ebenso existieren kaum andere Infrastruktureinrichtungen für alleinstehende Frauen.

Für Frauen, die aufgrund gegenwärtiger oder vergangener besonders schwieriger Lebensumstände immer wieder dazu neigen, für sie schädigende Beziehungen einzugehen, wären Therapiemöglichkeiten zur Aufarbeitung der eigenen Geschichte wichtig. Im Frauenhaus, das ständig überfüllt ist, kann diese kontinuierliche therapeutische Arbeit nicht geleistet werden. Hilfreich könnten auch Nachbetreuungseinrichtungen sein (in Berlin existiert eine Nachbetreuungsstelle für Frauen nach dem Frauenhausaufenthalt), in Wien bleibt Nachbetreuung einzelner Frauen dem privaten Engagement der Frauenhausmitarbeiterinnen überlassen.

Die meisten Frauen meiden jedoch bis auf weiteres enge Beziehungen zu Männern. Sie sehen sich vor die Alternative gestellt, entweder auf ihre mühsam errungene Selbständigkeit zu verzichten und eine Beziehung einzugehen oder alleine zu leben. Sie haben — wie auch sonst in unserer Gesellschaft nur wenig Menschen — keine Modell einer „guten" Liebesbeziehung, in der zwar Nähe möglich, trotzdem aber die Selbständigkeit beider Partner gewahrt bleibt.

Eine Frau spricht von Ekelgefühlen Männern gegenüber, die sie zwar aufgrund der lange zurückliegenden Beziehung überwunden hat, doch hat sie kein Bedürfnis nach einem engeren Zusammensein mit einem Mann:

„Jetzt darf ich endlich das machen, was ich will. Freut's mich nicht zusammenzuräumen, bleibt's eben liegen, da steht keiner hinter mir. Wenn ich mal vergiß' zu bügeln, dann mach' ich's später, und wenn ich meinen Putzfimmel hab', sagt auch keiner was. Ich könnt' mir das echt nicht mehr vorstellen, jetzt kommt er nach Hause, jetzt muß ich gekocht haben. Ich geh' jetzt fort, wann ich will, ich komm' heim, wann ich will. Ich könnt' mir eine Bindung echt nicht mehr vorstellen."

Diese Frau ist nicht bereit, die zusätzliche Arbeit, die ein durchschnittlicher österreichischer Mann verursacht,[2] der sich kaum an der Hausarbeit beteiligt, zu leisten. Vorstellungen von gleichberechtigter Partnerschaft hat sie nicht entwickelt.

Von den anderen Frauen ohne fixe Beziehung können sich zwar alle eine Beziehung zu einem Mann prinzipiell vorstellen, keine plant oder wünscht jedoch, in nächster Zeit mit einem Mann zusammenzuwohnen, da besonders die Wohnung Teil ihrer persönlichen Autonomie ist, die sie sich nicht mehr vereinnahmen lassen wollen.

Die Männer werden so ausgewählt, daß sie möglichst geringe Ähnlichkeiten, äußerlich wie in den Verhaltensweisen, mit ihren gewalttätigen Vorgängern haben. Beim kleinsten Anzeichen von gleichen Verhaltensweisen ziehen sich die Frauen zurück und brechen die Bekanntschaft ab:

„Was hat sich in deinem Verhältnis Männern gegenüber verändert?"
„Ich bin vorsichtiger geworden und anspruchsvoller, wählerischer. Irrsin-

nig viel vorsichtiger. Wenn ich einen kennenlerne, der nur irgendwelche Anzeichen von dem hat, was mein Ex-Mann gehabt hat, dann ist es gleich aus bei mir, wenn er so Besitzrechte will."

Eifersucht und besitzergreifendes Verhalten werden nicht mehr mit Liebe verwechselt, sondern als negativ betrachtet. Wichtig ist, daß der Mann nicht zuviel in das Leben der Frauen eingreift.

Als Veränderung bedeutsam scheint, daß eine Beziehung nicht mehr dem Zufall (bzw. der Aktivität des Mannes) überlassen wird, sondern daß die Frauen selbst aktiv Männer auswählen, wenn auch das Maß dafür in hohem Ausmaß der gewalttätige Mann bleibt.

Ohne fixe Beziehung zu leben erfordert von Frauen in unserer Gesellschaft eine große Stärke und bedeutet häufiges Alleinsein. Denn trotz hoher Scheidungsrate ist das gesellschaftliche Ideal die vollständige Familie, die ja auf Betreiben konservativer Politiker sogar in den Verfassungsrang erhoben werden soll. Deshalb sind die Kontakte, die Frauen während ihres Frauenhausaufenthaltes geschlossen haben, auch für die Zeit danach von großer Wichtigkeit. Durch die gemeinsame Krisenbewältigung entstehen oft dauerhafte Freundschaften, wodurch jenes Alleinsein verringert wird, das die Frauen oft zu den meisten Konzessionen gegenüber Männern zwingt.

Keine Frau kann zwar absolut ausschließen, wieder mit einem gewalttätigen Mann eine Beziehung einzugehen, aber die meisten sind sich sicher, daß sie sich früher wehren bzw. beim ersten Anzeichen von Gewalt die Beziehung beenden würden, da sie die Erfahrung, daß es ihnen möglich ist, allein zu leben, gestärkt hat und sich auch die Hoffnung auf Veränderung gewalttätigen Verhaltens in ihrer Vergangenheit als trügerisch erwiesen hat.

„Ich denk' mir, wenn's mir nicht mehr gefällt, brauch' ich keine zwölf Jahre mehr. Also, wenn jetzt eine Situation eintritt, die so durchgehend ist, nicht so einmal ein Streit und dann zwei, drei Tage bös' sein, sondern durchgehend, dann weiß ich, daß ich das ändern kann und auch ändern werde."

Anmerkungen

[1] Chodorov, N.: *Das Erbe der Mutter,* München 1985
[2] Demographische Informationen, Wien 1985

Statistische Untersuchung

Viele Fragen, die sowohl bei am Frauenhaus Interessierten als auch bei Bewohnerinnen und Mitarbeiterinnen auftauchen, sind nur durch Zahlen zu beantworten. Trotz der Ansicht, daß Forschung nicht mathematisch und unpersönlich sein muß, besonders wenn es um Menschen geht, läßt es sich nicht vermeiden, gewisse Aussagen über diese Menschen in Zahlen zu fassen.

Die statistische Untersuchung stützt sich auf Zahlenmaterial aus den Jahren 1984/85, das an 456 Frauen aus beiden Wiener Frauenhäusern erhoben wurde. Als Vergleichswerte werden in einigen Fällen Zahlen einer früheren Untersuchung aus dem Jahre 1982 herangezogen. Auch Frauenhäuser in den Bundesländern stellten persönliche Daten ihrer Bewohnerinnen aus dem Jahr 1987 zur Verfügung.

Bei jeder Aufnahme ins Frauenhaus wird von der betreffenden Frau eine Karteikarte ausgefüllt. Die Rubriken beinhalten verschiedene persönliche Daten der Frau, ihrer Kinder und des mißhandelnden Mannes sowie Daten, die den Aufenthalt im Frauenhaus betreffen. Diese Karteikarten bildeten die Grundlage für unsere statistische Untersuchung.

Folgende Tabellen sollen, sozusagen als anfängliche Gesamtübersicht, die jährlichen Aufnahmezahlen der beiden Wiener Frauenhäuser und von Frauenhäusern in den Bundesländers darstellen:

Tabelle 1

Zahl der Aufnahmen in beiden Wiener Frauenhäusern (1.11.1978 − 31.12.1987)

Jahr	Frauen	Kinder	gesamt
1978 (Nov., Dez.)	28	36	64
1979	144	203	347
1980 (2. Haus seit Febr. 1980)	252	342	594
1981	278	320	598
1982	247	313	560
1983	300	325	625
1984	290	292	582
1985	339	391	730
1986	303	355	658
1987	351	344	695
	2532	2921	5453

Tabelle 2

Zahl der Aufnahmen in den Frauenhäusern in den Bundesländern (1987)

Haus	Frauen	Kinder	gesamt
Linz	76	70	146
Graz	86	106	192
Innsbruck	64	73	137
Wels	38	41	79
Klagenfurt	57	70	127
Mödling	46	45	91
1987	367	405	772

Das Frauenhaus nimmt jede mißhandelte oder bedrohte Frau ungeachtet ihrer Herkunft und Nationalität auf. Die Tabelle 3 zeigt, daß das Frauenhaus nicht nur für Wienerinnen eine notwendige Einrichtung ist. Gegenüber dem Jahr 1982 ist zwar die Zahl der Frauen aus den Bundesländern von 18,6% auf nur 5% gesunken, die Zahl der Ausländerinnen hat sich hingegen mit 14,2% gegenüber 7,4% 1982 fast verdoppelt.

Die meisten Wiener Frauen kommen aus Bezirken mit großen kommunalen Wohnbausiedlungen. Weitere Frauenhäuser in den Einzugsgebieten für den 10., 11. und 12. Bezirk und jenseits der Donau für den 20., 21. und 22. Bezirk brächten eine dringend notwendige Entlastung für die bestehenden Häuser.

Tabelle 3

Nationalität der Frauen	absolut	inProzent
gebürtige Österreicherinnen	360	78,9
österr. Staatsbürgerschaft erworben	31	6,8
Jugoslawien	24	5,3
Türkei	12	2,6
Osteuropa	12	2,6
andere Staaten	17	3,7
	456	100,0

Es zeigt sich ganz deutlich, daß die meisten Frauen, die das Frauenhaus aufsuchen, zwischen zwanzig und fünfunddreißig Jahre alt sind, die meisten davon nämlich 24,1%, zwischen zwanzig und fünfundzwanzig. Frauen über vierzig sind nur mehr zu 10,7% vertreten, über sechzig sind nur 1,3% aller Frauen (vgl. Tabelle 4).

Tabelle 4

Alter der Frauen	absolut	in Prozent
Bis 20 Jahre	22	4,8
21 - 25 Jahre	110	24,1
26 - 30 Jahre	97	21,3
31 - 35 Jahre	87	19,1
36 - 40 Jahre	68	14,9
41 - 50 Jahre	49	10,7
51 - 60 Jahre	17	3,7
über 60 Jahre	6	1,3
	456	100,0

Es erhebt sich natürlich sofort die Frage, wie es zu einer so einseitigen Altersverteilung kommen kann, weiß man doch aus diversen Berichten und Untersuchungen, daß Gewalt an Frauen sich nicht auf eine bestimmte Altersklasse beschränkt. Mißhandlungen finden sehr wohl auch bei älteren Frauen statt. Nur ist der Schritt, sich aus dieser Situation zu befreien, für Frauen über vierzig um einiges schwieriger als für junge Frauen. Dafür sind verschiedene äußere Faktoren (schlechte Chancen am Arbeitsmarkt besonders für ältere Frauen, keine Berufsausbildung oder lange Arbeitsunterbrechung u. ä.) ebenso verantwortlich wie psychische Gegebenheiten. Den meisten fehlt der Mut, ihre Lebenssituation ins Ungewisse hinein zu verändern, fehlt das Selbstvertrauen, es alleine schaffen zu können, und nur zu oft überhaupt das Bewußtsein, ein Recht darauf zu haben, diese Situation zu verlassen. In den meisten „ambulanten" Beratungen erleben wir ältere Frauen als sehr resigniert, obwohl ohnehin nur die aktiveren überhaupt zum Telefon greifen.

Ebensowenig wie auf eine bestimmte Altersgruppe beschränkt sich das Gewaltproblem auf die Ehe, obwohl es sich auch hier zeigt, daß ein Großteil der Frauen im Untersuchungszeitraum verheiratet war, nämlich 67%. Der Rest ist ledig, geschieden oder — allerdings nur ein minimaler Prozentsatz — verwitwet (vgl. Tabelle 5).

Tabelle 5

Familienstand	absolut	in Prozent
Verheiratet	304	67
ledig	61	13
geschieden	86	19
verwitwet	5	1
	456	100

21% der Frauen haben keine Kinder, 30% haben ein Kind, die meisten haben zwei Kinder (32%). Immerhin neun Frauen haben je fünf Kinder ins Frauenhaus mitgebracht (vgl. Tabelle 6).

Tabelle 6

Anzahl der Kinder	absolut	in Prozent
keine Kinder	98	21
1 Kind	139	30
2 Kinder	148	32
3 Kinder	48	11
4 Kinder	13	3
5 Kinder	9	2
6 oder mehr Kinder	1	0
	466	100

28% der betroffenen Frauen verfügen über keinerlei eigenes Einkommen bei der Aufnahme im Frauenhaus. 34% stehen aktiv im Beruf, die restlichen beziehen Unterstützungen verschiedener Art (vgl. Tabelle 7). Von den berufstätigen Frauen sind die meisten Angestellte, nämlich 68,2%, 22,7% sind Arbeiterinnen, nur 9,1% sind in einem eigenen oder Familienbetrieb tätig (vgl. Tabelle 8).

127

Tabelle 7

Einkommenssituation	absolut	in Prozent
Berufstätigkeit	154	34
Arbeitslosenunterstützung/ Notstandshilfe	39	9
Karenzgeld	28	6
sonstige Einnahmen	20	4
kein eigenes Einkommen	129	28
keine Angaben	86	19
	456	100

Tabelle 8

(Diese Daten beziehen sich auf 66 berufstätige Frauen)

Berufliche Stellung	absolut	in Prozent
selbständige u. mithelfende Tätigkeit im eigenen Betrieb	6	9,1
Angestellte	45	68,2
Arbeiterin	15	22,7
	66	100,0

Tabelle 9

(Es standen die Daten von 167 Frauen zur Verfügung)

Ausbildung	absolut	in Prozent
nur Pflichtschule	57	34,1
mittlere Qualifikation (Lehre oder mittlere Schule) abgebrochen	10	6,0
mittlere Qualifikation abgeschlossen	78	46,7
höhere Schule abgebrochen	4	2,4
höhere Schule abgeschlossen	14	8,4
Universität / Hochschule abgebrochen	–	–
Universität / Hochschule abgeschlossen	2	1,2
in Ausbildung	2	1,2
	167	100,0

128

Eine kurze Skizze der Ausbildungssituation der Frauen zeigt, daß 34,1% nur die Pflichtschule absolviert, weitere 8,4% ihre Ausbildung abgebrochen haben, also ohne Berufsausbildung dastehen. 55,1% haben eine mittlere Qualifikation (Lehre oder mittlere Schule) oder eine höhere Schule abgeschlossen. 1,2% können ein abgeschlossenes Hochschulstudium vorweisen (vgl. Tabelle 9).

Die Aufenthaltsdauer der Frauen ist recht unterschiedlich; im Untersuchungszeitraum überwiegen die kurzen Aufenthalte deutlich. 73% bleiben nur bis zu vierzehn Tagen, davon 43% überhaupt nur ein bis drei Tage. 12% bleiben fünfzehn bis dreißig Tage, 6% ein bis drei Monate. Nur 3% bleiben drei bis zwölf Monate, und insgesamt neun Frauen länger als ein Jahr (vgl. Tabelle 10).

Tabelle 10

Aufenthaltsdauer im Frauenhaus	absolut	in Prozent
1 - 3 Tage	192	43
4 - 14 Tage	136	30
15 - 30 Tage	54	12
31 - 90 Tage	27	6
91 - 180 Tage	13	3
181 - 365 Tage	16	4
365 Tage und darüber	9	2
	447	100

Das Frauenhaus als Übergangslösung dokumentiert sich in dem großen Prozentsatz der relativ kurzen Aufenthalte: 73% bleiben nur ein bis vierzehn Tage. „Was für Entscheidungen können Frauen in so kurzer Zeit treffen, was kann der Sinn eines so kurzen Aufenthaltes sein?" ist eine verständliche Reaktion auf dieses Ergebnis. Dabei muß aber bedacht werden, daß nicht alle Frauen verheiratet sind und daher keine langwierige Scheidung vor sich haben, daß berufstätige Frauen unter Umständen schnell ein Zimmer oder eine kleine Wohnung finden, daß für viele das Frauenhaus nur in der akuten Notsituation, etwa am Abend oder in der Nacht, notwendig ist und sie nach ein paar Tagen bei Freunden oder Verwandten Aufnahme und Unterstützung finden.

In den meisten Fällen haben die Frauen während ihres Aufenthaltes im Frauenhaus alle ihre Kinder bei sich (55%). Daß alle Kinder beim Vater sind, kommt nur in einem geringen Prozentsatz der Fälle (7%) vor. Etwa gleich selten (4%) sind die Kinder zwischen den beiden Ehepartnern aufgeteilt oder in fremder Pflege (vgl. Tabelle 11).

Tabelle 11

Aufenthaltsort der Kinder	absolut	in Prozent
keine Kinder	97	21
alle Kinder bei der Mutter	251	55
alle Kinder beim Vater	32	7
Kinder teilweise bei der Mutter, teilweise beim Vater	17	4
alle Kinder in fremder Pflege	19	4
Kinder teilweise bei Mutter, teilweise anderswo (Verwandte, Pflegeplatz ..)	28	6
Kinder erwachsen	8	2
sonstiges	2	0
keine Angaben	2	0
	456	100

Österreicherinnen ohne Einkommen können nach einigen Tagen Aufenthalt im Frauenhaus Sozialhilfe beziehen. Daß nur ein geringer Teil der Frauen öffentliche Gelder in Anspruch nimmt, wird durch den geringen Prozentsatz von 17% deutlich (vgl. Tabelle 12).

Tabelle 12

Sozialhilfebezug	absolut	in Prozent
keine Sozialhilfe	379	83
Sozialhilfe	76	17
keine Angaben	1	0
	456	100,0

Das Frauenhaus ist lediglich eine Übergangslösung, wo die Frauen in Ruhe Entscheidungen für ihr weiteres Leben treffen können und dabei auch Unterstützung finden. Wohin die Frauen danach ziehen, ist ein Indikator dafür, in welche Richtung diese Entscheidungen gegangen sind (vgl. Tabelle 13).

Tabelle 13

Aufenthalt nach dem Auszug aus dem Frauenhaus	absolut	in Prozent
zurück zum Mißhandler	196	43
zu Verwandten	31	7
zu Bekannten	25	5
alte Wohnung nach Trennung/Scheidung	23	5
neue eigene Gemeindewohnung	21	5
neue eigene Privatwohnung	22	5
bei neuem Partner	1	0
in öffentlichen Institutionen	27	6
sonstiges	16	4
keine Angaben	94	21
	456	100

Weniger als die Hälfte der Frauen kehren nach ihrem Aufenthalt im Frauenhaus nach ihren eigenen Aussagen zum Mißhandler zurück (43%). 12% gehen zu Verwandten oder Bekannten, machen also noch eine Zwischenstation vor der endgültigen Entscheidung. Es ist aber damit zu rechnen, daß ein Großteil dieser Frauen und die 21% der Frauen, die den Mitarbeiterinnen gegenüber keine Angaben über ihren weiteren Aufenthaltsort machen, ebenfalls wieder in ihre frühere Lebenssituation zurückkehren (insgesamt also ca. 70%). Immerhin 15% der Frauen ziehen nach ihrem Frauenhausaufenthalt in eine eigene Wohnung, entweder in die frühere Wohnung nach einer Scheidung bzw. Trennung (5%), in eine neue Gemeindewohnung (5%) oder in eine neuerworbene Privatwohnung (5%).

ANHANG

Die Autorinnen

Mag. Elfriede Fröschl, geboren 1958 in Wien. Sozialarbeiterin und Soziologin, Mitbegründerin des 1. Wiener Frauenhauses. Diplomarbeit zum Thema *Frauen in gewalttätigen Beziehungen. Ursachen der Gewalt und Möglichkeiten der Befreiung,* Wien 1987.

Dipl. Soz. Arb. Rosa Logar, geboren 1958 in St. Paul. Sozialarbeiterin, Mitbegründerin des 1. Wiener Frauenhauses.

Dr. Sylvia Löw, geboren 1954 in Wien. Psychologin, Mitarbeiterin des 2. Wiener Frauenhauses.

Dr. Sonja Schnögl, geboren 1958 in Klagenfurt. Publizistin, Mitbegründerin des 1. Wiener Frauenhauses, Dissertation zum Thema *Gewalt gegen Frauen. Körperliche und seelische Mißhandlung in der Ehe. Eine Analyse der Berichterstattung in den österreichischen Tageszeitungen,* Wien 1983.

Hermine Sieder, geboren 1951 in Wilhelmsburg, Dissertantin der Psychologie, langjährige Mitarbeiterin des 2. Wiener Frauenhauses.

Nützliche Telefonnummern und Adressen

für Frauen, die Opfer von Gewalt geworden sind:

Frauenhäuser

Eisenstadt: Anmeldung beim jeweiligen Jugendamt
Graz: (03106) 91 25 92
Innsbruck: (05222) 42 112
Klagenfurt: (04222) 44 966
Linz: (0732) 23 15 15
Mödling: (02236) 86 549
Salzburg: (0662) 84 22 71
Wels: Haus für Frauen in Not, Rablstraße 14, 4600 Wels
Wien: (0222) 31 56 56 und 43 26 18

Notrufe für vergewaltige Frauen

Notruf Linz, Hauptplatz 15. Notruftelefon (0732) 278 74 04.
Montag 15−18.30 Uhr, Dienstag 15−20 Uhr, Mittwoch und Donnerstag 9−14 Uhr.

Notruf Innsbruck, c/o AEP, Leopoldstraße 31a, Notruf (05222) 21 63 95.
Montag 9−11 Uhr, Donnerstag 20−22 Uhr.

Notruf Salzburg, Haydnstraße 6, Notruftelefon (0662) 88 11 00.
Montag und Dienstag 9−11 Uhr, Donnerstag 18−21 Uhr.

Notruf Steyr für vergewaltigte, mißhandelte und bedrohte Frauen, Resthofstraße 14/15, Notruftelefon (07252) 65 749.
Täglich außer Samstag 18−22 Uhr.

Notruf Wien für vergewaltigte, mißhandelte und bedrohte Frauen, Postfach 170, 1051 Wien. Notruftelefon (0222) 56 72 13. Montag 9−12 Uhr, Dienstag und Donnerstag 18−21 Uhr.

Frauenberatungsstellen

8010 Graz
Verein Frauenberatung und Selbsthilfe, Marienplatz 5/2,
Telefon (0316) 91 60 22.

133

6020 Innsbruck
AEP-Familienberatung, Leopoldstraße 31 a, Telefon (05222) 33 7
98,
Montag—Freitag 17—19 Uhr.

3180 Lilienfeld
Frauenservice Lilienfeld, Beratungsstelle für Frauenfragen, Babenbergerstraße 38, Telefon (02762) 26 61

9500 Villach
Frauenberatungsstelle Villach, Freihausgasse 15/3,
Telefon (04242) 24 609

1060 Wien
Frauen beraten Frauen, Lehargasse 9/2/2/17,
Telefon (0222) 587 67 50, Montag 17—19 Uhr, Dienstag 12—14 Uhr,
Mittwoch 10—12 Uhr, Donnerstag 9—19 Uhr.

Zur Situation der Frau

haben sich schon vor über hundert Jahren österreichische
Autorinnen sehr kämpferisch geäußert. Es sind

Literarische Zeugnisse

von hohem ästhetischem und zeitgeschichtlichem
Wert, die ab der NS-Zeit totgeschwiegen wurden und
erst heute wieder allmählich die gebührende
Aufmerksamkeit finden. Die vorliegende Anthologie
vereint Schriften von über zwanzig Autorinnen,
darunter Rosa Mayreder, Adelheid Popp, Bertha
von Suttner und Bertha Zuckerkandl.

Sigrid Schmid und Hanna Schnedl (Hg.)
Totgeschwiegen
Texte zur Situation der Frau von 1880
bis in die Zwischenkriegszeit

Format: 13 x 20,5 cm
Englisch broschiert, 224 Seiten
ISBN 3-215-04567-2

Ein aktuelles Thema aus dem Bundesverlag

Ein Interview-Buch,

in dem zwölf österreichische Schriftstellerinnen von ihrer Arbeit und ihrer Existenz berichten – also nicht nur vom Schreiben, sondern auch vom Frausein. Daß sich heutiges

weibliches Selbstbewußtsein

sehr verschiedenartig manifestiert, dafür garantieren sehr verschiedenartige Gesprächspartnerinnen: Hilde Schmölzer sprach mit Ilse Aichinger, Christine Busta, Jeannie Ebner, Barbara Frischmuth, Gertrud Fussenegger, Elfriede Jelinek, Marie-Therese Kerschbaumer, Elfriede Mayröcker, Annemarie Moser, Christine Nöstlinger, Jutta Schutting und Brigitte Schwaiger.

Hilde Schmölzer
Frau sein & schreiben
Österreichische Schriftstellerinnen definieren
sich selbst

Format: 13 x 20,5 cm
Englisch broschiert, 160 Seiten
ISBN 3-215-04440-4

Ein aktuelles Thema aus dem Bundesverlag

K. Depo 8440004688   S 148.-